# MARCHA CRIANÇA

**1º ANO**
ENSINO FUNDAMENTAL

**PRODUÇÃO DE TEXTO**

### Nara Luiza Bital Chiappara
Licenciada em Letras (Português e Espanhol) e especialista em Leitura e Produção de Textos pelo Centro Universitário de Belo Horizonte (UNI-BH).
Mestra em Linguística pela Universidade Federal de Viçosa (UFV).

### Maria das Graças Leão Sette
Bacharela licenciada em Letras (Português e Francês) pela Faculdade de Ciências Humanas da Pontifícia Universidade Católica de Minas Gerais (PUC-MG).
Licenciada em Letras (Português) pela Universidade Federal de Minas Gerais (UFMG-FAE/PREMEN).
Consultora de projetos didáticos de várias editoras.

### Ivone Ribeiro Silva
Licenciada em Letras, com pós-graduação em Leitura e Produção de Textos.
Mestra em Linguística pela Universidade Federal de Minas Gerais (UFMG).
Professora de Língua Portuguesa em escolas do Ensino Fundamental e do Ensino Médio de Belo Horizonte (MG).

### Márcia Antônia Travalha
Graduada em Letras (Português e Francês) e especialista em Estudos Linguísticos e Literários pela Universidade Federal de Minas Gerais (UFMG).
Professora em escolas públicas e particulares de Ensino Fundamental em Belo Horizonte (MG).

### Antonio de Pádua Barreto Carvalho
Escritor, redator e coordenador do Grupo TBH, que, desde 1999, se dedica à produção de material didático e pedagógico de Língua Portuguesa e Literatura para várias editoras do país.

**editora scipione**

**Presidência:** Mario Ghio Júnior
**Direção editorial:** Lidiane Vivaldini Olo
**Gerência editorial:** Viviane Carpegiani
**Gestão de área:** Tatiany Renó
**Edição:** Mariangela Secco (coord.), Miriam Mayumi Nakamura (ed.)
**Planejamento e controle de produção:** Flávio Matuguma, Juliana Batista, Felipe Nogueira e Juliana Gonçalves
**Revisão:** Hélia de Jesus Gonsaga (ger.), Kátia Scaff Marques (coord.), Rosângela Muricy (coord.), Ana Paula C. Malfa, Brenda T. M. Morais, Carlos Eduardo Sigrist, Daniela Lima, Diego Carbone, Flavia S. Vênezio, Gabriela M. Andrade, Heloísa Schiavo, Hires Heglan, Kátia S. Lopes Godoi, Luciana B. Azevedo, Luís M. Boa Nova, Luiz Gustavo Bazana, Malvina Tomáz, Patricia Cordeiro, Patrícia Travanca, Paula T. de Jesus, Ricardo Miyake, Sandra Fernandez, Sueli Bossi e Vanessa P. Santos; Bárbara de M. Genereze (estagiária)
**Arte:** Claudio Faustino (ger.), Erika Tiemi Yamauchi (coord.), Filipe Dias (edição de arte)
**Iconografia e tratamento de imagem:** Sílvio Kligin (ger.), Claudia Bertolazzi (coord.), Camila Loos Von Losimfeld (pesquisa iconográfica), Fernanda Crevin (tratamento de imagens)
**Licenciamento de conteúdos de terceiros:** Roberta Bento (gerente), Jenis Oh (coord.); Liliane Rodrigues; Flávia Zambon e Raísa Maris Reina (analistas de licenciamento)
**Ilustrações:** Paula Kranz (aberturas), Ilustra Cartoon
**Design:** Gláucia Correa Koller (ger.), Flávia Dutra e Gustavo Vanini (proj. gráfico e capa), Erik Taketa (pós-produção)
**Ilustração de capa:** Estúdio Luminos

---

Todos os direitos reservados por Somos Sistemas de Ensino S.A.
Avenida Paulista, 901, 6ª andar – Bela Vista
São Paulo – SP – CEP 01310-200
http://www.somoseducacao.com.br

---

**Dados Internacionais de Catalogação na Publicação (CIP)**

```
   Marcha Criança : produção de texto 1º ao 5º ano /
Nara Luiza Bital Chiappara...[et al]. -- 2. ed. -- São
Paulo : Scipione, 2020.
   (Coleção Marcha Criança ; vol. 1 ao 5)

   Outros autores: Maria das Graças Leão Sette, Ivone
Ribeiro Silva, Márcia Antônia Travalha, Antonio de Pádua
Barreto Carvalho
   Bibliografia

   1. Língua portuguesa (Ensino fundamental) Anos iniciais
2. Produção de texto 3. Leitura I. Título II. Chiappara,
Nara Luiza Bital III. Série

20-1072                                         CDD 372.6
```

Angélica Ilacqua - Bibliotecária - CRB-8/7057

**2024**
**OP: 235329**
Código da obra CL 745879
CAE 721153 (AL) / 721154 (PR)
ISBN 9788547402938 (AL)
ISBN 9788547402945 (PR)
2ª edição
6ª impressão
De acordo com a BNCC.

---

Impressão e acabamento
Log&Print Gráfica, Dados Variáveis e Logística S.A.

Uma publicação

---

Com ilustrações de **Paula Kranz**, seguem abaixo os créditos das fotos utilizadas nas aberturas de Unidade:

**UNIDADE 1: Semáforo para pedestres:** winfinity/Shutterstock, **Arbusto:** BK foto/Shutterstock, **Textura de concreto:** I. Friedrich/Shutterstock, **Caixa plástica:** HSNphotography/Shutterstock, **Janela:** 3d imagination/Shutterstock, **Mochila branca:** cristovao/Shutterstock, **Mochila azul:** Africa Studio/Shutterstock, **Lápis:** Ruslan Ivantsov/Shutterstock, **Carro:** Rawpixel.com/Shutterstock, **Caderno:** Tungphoto/Shutterstock, **Lousa:** STUDIO DREAM/Shutterstock, **Corda:** New Africa/Shutterstock, **Caixote:** RG-vc/Shutterstock, **Textura de parede:** tg21495/Shutterstock.

**UNIDADE 2: Textura de parede:** Texture background wall/Shutterstock, **Estante com livros:** Casezy idea/Shutterstock, **Janela:** zivivani/Shutterstock, **Janela verde:** defpicture/Shutterstock, **Telhado:** Pilotsevas/Shutterstock, **Porta:** MetCreations/Shutterstock, **Banco:** GalapagosPhoto/Shutterstock, **Arbusto com flores:** sakdam/Shutterstock, **Pedras:** nasidastudio/Shutterstock, **Paisagismo com pedras e flores:** naKornCreate/Shutterstock, **Livro:** sevenke/Shutterstock, **Chapéu:** Anton Starikov/Shutterstock, **Ônibus escolar:** snorkulencija/Shutterstock, **Grupo de árvores:** Wichai Prasomsri1/Shutterstock, **Gramado:** EFKS/Shutterstock.

**UNIDADE 3: Sacola:** Piyawat Nandeenopparit/Shutterstock, **Telhado:** Axtem/Shutterstock, **Cenoura, Beterraba e Batatas:** Kovaleva_Ka/Shutterstock, **Cenoura picada:** Tim UR/Shutterstock, **Beterraba picada:** Lotus Images/Shutterstock, **Bicicleta:** Gilang Prihardono/Shutterstock, **Capacete:** Vaclav Volrab/Shutterstock, **Alface:** Boonchuay1970/Shutterstock, **Arbusto:** BK foto/Shutterstock, **Arbusto com flores:** sakdam/Shutterstock, **Cesta de pique-nique:** Yuri Samsonov/Shutterstock, **Gramado:** FKS/Shutterstock, **Árvore:** Jan Martin Will/Shutterstock, **Sanduíche:** Drozzhina Elena/Shutterstock, **Suco:** Anton Starikov/Shutterstock, **Caneca:** IfH/Shutterstock, **Brócolis:** NIPAPORN PANYACHAROEN/Shutterstock, **Couve-flor:** Egor Rodynchenko/Shutterstock, **Casquinha de sorvete:** stockcreations/Shutterstock, **Textura de asfalto:** Nyord/Shutterstock, **Algodão:** nerosu/Shutterstock.

**UNIDADE 4: Plantas:** bluefish_ds/Shutterstock, **Arbusto:** Chansom Pantip/Shutterstock, **Tronco de árvore:** Sarawut Opkhonburi/Shutterstock, **Cipó:** Chansom Pantip/Shutterstock, **folhas:** New Africa/Shutterstock, **Tocos de madeira:** Fotofermer/Shutterstock, **Árvores:** majeczka/Shutterstock, **Casca de tronco árvore:** OLOA Studio/Shutterstock.

# APRESENTAÇÃO

QUERIDO ALUNO, QUERIDA ALUNA,

PRONTOS PARA EMBARCAR NO MUNDO DA LEITURA E DA PRODUÇÃO DE TEXTOS? PARA QUE ESSA VIAGEM SEJA PRAZEROSA, COM MUITA INFORMAÇÃO, AVENTURA E DIVERSÃO, PREPARAMOS A COLEÇÃO **MARCHA CRIANÇA PRODUÇÃO DE TEXTO**. COM ELA, VOCÊ VAI LER E PRODUZIR, PASSO A PASSO, TEXTOS DOS MAIS VARIADOS GÊNEROS.

EM CADA UNIDADE SELECIONAMOS DIFERENTES TEXTOS, INTERLIGADOS POR UM ASSUNTO OU TEMA COMUM, E RELACIONADOS AO MUNDO EM QUE VIVEMOS.

VOCÊS VÃO LER E APRENDER DE TUDO UM POUCO. E, É CLARO, PRODUZIRÃO TEXTOS COM O SEU TOQUE DE CRIATIVIDADE E IMAGINAÇÃO.

PREPARADOS PARA SE TORNAREM ESCRITORES?

COM CARINHO,

OS AUTORES

# CONHEÇA SEU LIVRO

VEJA A SEGUIR COMO O SEU LIVRO ESTÁ ORGANIZADO.

## UNIDADE

SEU LIVRO ESTÁ ORGANIZADO EM QUATRO UNIDADES. AS ABERTURAS SÃO COMPOSTAS DOS SEGUINTES BOXES:

### ENTRE NESTA RODA

VOCÊ E SEUS COLEGAS TERÃO A OPORTUNIDADE DE CONVERSAR SOBRE A IMAGEM APRESENTADA E A RESPEITO DO QUE JÁ SABEM SOBRE O TEMA DA UNIDADE.

### NESTA UNIDADE VAMOS ESTUDAR...

VOCÊ VAI ENCONTRAR UMA LISTA DOS CONTEÚDOS QUE SERÃO ESTUDADOS NA UNIDADE.

## LEITURA 1 E LEITURA 2

CADA UNIDADE É COMPOSTA DE 3 ITENS E CADA UM DELES ABORDA UM GÊNERO TEXTUAL DIFERENTE. OS TEXTOS ESTÃO ORGANIZADOS EM **LEITURA 1** E **LEITURA 2**.

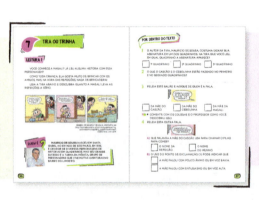

## POR DENTRO DO TEXTO

AQUI VOCÊ ENCONTRA ATIVIDADES DE COMPREENSÃO DO TEXTO E EXPLORAÇÃO DAS CARACTERÍSTICAS DO GÊNERO TEXTUAL.

## PRODUÇÃO RELÂMPAGO

UMA ATIVIDADE DE PRODUÇÃO BREVE, PARA SER REALIZADA NO PRÓPRIO LIVRO.

## VOCÊ EM AÇÃO

ESTA SEÇÃO ENCERRA O ITEM. NELA VOCÊ ENCONTRA UMA PROPOSTA DE PRODUÇÃO DE TEXTO, COM INSTRUÇÕES PASSO A PASSO.

## EXPLORANDO O TEMA...
ESTA SEÇÃO ABORDA TEMAS VARIADOS PARA VOCÊ REFLETIR, AMPLIAR SEU CONHECIMENTO E DISCUTIR SUAS IDEIAS.

## SAIBA MAIS
BOXE COM CURIOSIDADES E DICAS SOBRE O CONTEÚDO ESTUDADO.

## QUEM É?
BOXE COM INFORMAÇÕES SOBRE AUTORES E ARTISTAS.

## AMPLIANDO O VOCABULÁRIO
VOCÊ ENCONTRA NO TEXTO ALGUMAS PALAVRAS DESTACADAS E O SIGNIFICADO DELAS NA MESMA PÁGINA. ASSIM, VOCÊ AMPLIA SEU VOCABULÁRIO.

## SUGESTÕES PARA O ALUNO
NO FINAL DO LIVRO, VOCÊ ENCONTRA INDICAÇÕES DE LIVROS, SITES, FILMES E CDS PARA COMPLEMENTAR SEUS ESTUDOS.

## TECNOLOGIA PARA...
ESTE BOXE APRESENTA ATIVIDADES, INFORMAÇÕES E DICAS QUE ENVOLVEM O USO DA TECNOLOGIA.

## QUANDO VOCÊ ENCONTRAR ESTES ÍCONES, FIQUE ATENTO!

 ATIVIDADE EM DUPLA

 ATIVIDADE EM GRUPO

 ATIVIDADE ORAL

 ATIVIDADE NO CADERNO

# SUMÁRIO

## UNIDADE 1 — VIVER JUNTOS É MAIS DIVERTIDO! ........ 8

- **1 POEMA** .................................... 10
  - LEITURA 1 .................................. 10
    - POR DENTRO DO TEXTO ............ 11
    - PRODUÇÃO RELÂMPAGO: MEU NOME .......... 12
  - LEITURA 2 .................................. 13
    - POR DENTRO DO TEXTO ............ 14
  - **VOCÊ EM AÇÃO:** ACRÓSTICO .......... 15

- **2 LEITURA DE IMAGEM: PINTURA** ........ 18
  - LEITURA 1 .................................. 18
    - POR DENTRO DO TEXTO ............ 19
  - LEITURA 2 .................................. 21
    - POR DENTRO DO TEXTO ............ 22
    - PRODUÇÃO RELÂMPAGO: NOVAS CORES PARA A PINTURA .......... 24
  - **VOCÊ EM AÇÃO:** RELEITURA DE PINTURA .......... 25

- **3 LISTA DE REGRAS DE CONVIVÊNCIA** .......... 28
  - LEITURA 1 .................................. 28
    - POR DENTRO DO TEXTO ............ 29
  - LEITURA 2 .................................. 30
    - POR DENTRO DO TEXTO ............ 31
    - PRODUÇÃO RELÂMPAGO: REGRAS NO PARQUINHO .......... 32
  - **VOCÊ EM AÇÃO:** LISTA DE REGRAS DE CONVIVÊNCIA .......... 33

## UNIDADE 2 — HISTÓRIAS PARA CONTAR! ........ 36

- **4 CONTO TRADICIONAL** .......... 38
  - LEITURA 1 .................................. 38
    - POR DENTRO DO TEXTO ............ 40
    - PRODUÇÃO RELÂMPAGO: DESENHO DO FINAL DO CONTO .......... 42
  - LEITURA 2 .................................. 43
    - POR DENTRO DO TEXTO ............ 45
  - **VOCÊ EM AÇÃO:** FINAL DO CONTO .......... 46

- **5 LENDA** .................................... 48
  - LEITURA 1 .................................. 48
    - POR DENTRO DO TEXTO ............ 49
    - PRODUÇÃO RELÂMPAGO: ONOMATOPEIAS .......... 50
  - LEITURA 2 .................................. 51
    - POR DENTRO DO TEXTO ............ 52
  - **VOCÊ EM AÇÃO:** RECONTO DE LENDA .......... 53

- **6 FÁBULA** .................................. 55
  - LEITURA 1 .................................. 55
    - POR DENTRO DO TEXTO ............ 56
    - PRODUÇÃO RELÂMPAGO: DESENHO: AGRADECIMENTO AO RATINHO .......... 57
  - LEITURA 2 .................................. 58
    - POR DENTRO DO TEXTO ............ 59
  - **VOCÊ EM AÇÃO:** CRIAÇÃO DE FÁBULA .......... 60

**EXPLORANDO O TEMA...** QUEREMOS RESPEITO! .......... 62

## UNIDADE 3 — CUIDANDO DO NOSSO BEM-ESTAR ............ 64

### 7 — TIRA OU TIRINHA .................... 66
- LEITURA 1 .................................. 66
  - POR DENTRO DO TEXTO ............ 67
- LEITURA 2 .................................. 69
  - POR DENTRO DO TEXTO ............ 70
  - PRODUÇÃO RELÂMPAGO: A RESPOSTA DA RAPOSA FREUD ......................................... 72
- VOCÊ EM AÇÃO: TIRA ................... 73

### 8 — RECEITA .................................. 76
- LEITURA 1 .................................. 76
  - POR DENTRO DO TEXTO ............ 77
- LEITURA 2 .................................. 78
  - POR DENTRO DO TEXTO ............ 80
  - PRODUÇÃO RELÂMPAGO: ESPETINHO DE FRUTAS: COMPLETANDO A RECEITA ....... 81
- VOCÊ EM AÇÃO: RECEITA ............. 82

### 9 — TEXTO INFORMATIVO ............. 85
- LEITURA 1 .................................. 85
  - POR DENTRO DO TEXTO ............ 87
  - PRODUÇÃO RELÂMPAGO: CORES E SAÚDE ........................ 89
- LEITURA 2 .................................. 90
  - POR DENTRO DO TEXTO ............ 91
- VOCÊ EM AÇÃO: FOLHETO INFORMATIVO ............................. 92

## UNIDADE 4 — NOSSOS AMIGOS, OS ANIMAIS ............ 94

### 10 — NOTÍCIA .................................. 96
- LEITURA 1 .................................. 96
  - POR DENTRO DO TEXTO ............ 97
- LEITURA 2 .................................. 98
  - POR DENTRO DO TEXTO ............ 99
  - PRODUÇÃO RELÂMPAGO: TÍTULO DE NOTÍCIA ................. 100
- VOCÊ EM AÇÃO: NOTÍCIA ........... 101

### 11 — FOTO-LEGENDA ................... 103
- LEITURA 1 ................................ 103
  - POR DENTRO DO TEXTO .......... 104
- LEITURA 2 ................................ 105
  - POR DENTRO DO TEXTO .......... 106
  - PRODUÇÃO RELÂMPAGO: FOTO-LEGENDA ...................... 107
- VOCÊ EM AÇÃO: FOTO-LEGENDA ... 108

### 12 — CURIOSIDADES ..................... 110
- LEITURA 1 ................................ 110
  - POR DENTRO DO TEXTO .......... 111
- LEITURA 2 ................................ 112
  - POR DENTRO DO TEXTO .......... 113
  - PRODUÇÃO RELÂMPAGO: QUEM SOU EU? ......................... 114
- VOCÊ EM AÇÃO: CURIOSIDADES ... 115

**EXPLORANDO O TEMA...** QUEM PLANTA COLHE! ............................ 118

**SUGESTÕES PARA O ALUNO** ........ 120

**BIBLIOGRAFIA** ............................... 122

**MATERIAL DE APOIO** ..................... 123

# UNIDADE 1

## VIVER JUNTOS É MAIS DIVERTIDO!

### ENTRE NESTA RODA

- QUE LUGARES APARECEM NA IMAGEM?
- QUEM SÃO AS PESSOAS REPRESENTADAS NA CENA? O QUE ELAS ESTÃO FAZENDO?
- POR QUE O CARRO ESTÁ PARADO? POR QUE HÁ UMA MENINA COM O BRAÇO LEVANTADO NA SALA DE AULA? POR QUE AS CRIANÇAS ESTÃO JUNTANDO OS BRINQUEDOS?
- VOCÊ COSTUMA SEGUIR AS REGRAS DOS LUGARES QUE VOCÊ FREQUENTA? DIGA ALGUMAS DESSAS REGRAS.

### NESTA UNIDADE VAMOS ESTUDAR...

- POEMA E ACRÓSTICO
- LEITURA DE IMAGEM: PINTURA
- REGRAS DE CONVIVÊNCIA

# 1 POEMA

## LEITURA 1

DO QUE VOCÊ MAIS GOSTA DE BRINCAR? E COM QUEM? NO POEMA A SEGUIR TODAS AS CRIANÇAS ESTÃO BRINCANDO, MENOS A...

**INFÂNCIA**

ANINHA
PULA AMARELINHA

HENRIQUE
BRINCA DE PIQUE

MARÍLIA
BRINCA DE MÃE E FILHA

MARCELO
É O REI DO CASTELO

MARIAZINHA
SUA RAINHA

CAROLA
BRINCA DE BOLA

JOÃO
DE POLÍCIA E LADRÃO

JOAQUIM
ANDA DE PATINS

TIETA
DE BICICLETA

E JANETE
DE PATINETE.

LUCINHA!
EU ESTOU SOZINHA.
VOCÊ QUER
BRINCAR COMIGO?

**PRA BOI DORMIR**, DE SONIA MIRANDA. RIO DE JANEIRO: RECORD, 1999.

# POR DENTRO DO TEXTO

**1** LIGUE O NOME DAS CRIANÇAS DO POEMA ÀS BRINCADEIRAS.

ANINHA   CAROLA   JANETE   HENRIQUE   JOAQUIM

PATINETE   BOLA   AMARELINHA   PATINS   PIQUE

> O TEXTO QUE VOCÊ LEU É UM **POEMA**. CADA LINHA DO POEMA É UM **VERSO**. OS POEMAS GERALMENTE APRESENTAM **RIMAS**, QUE SÃO SONS PARECIDOS NO FINAL DAS PALAVRAS.

**2** PINTE NO POEMA AS PALAVRAS QUE RIMAM.

**3** QUE CRIANÇA É CHAMADA PARA BRINCAR?

............................................................................................................

**4** IMAGINE DE QUE LUCINHA VAI BRINCAR E REESCREVA O ÚLTIMO VERSO DO POEMA. LEMBRE-SE DE RIMAR.

............................................................................................................

............................................................................................................

**5** ALGUNS NOMES QUE APARECEM NO POEMA SÃO, NA REALIDADE, APELIDOS CARINHOSOS. ESCREVA OS VERDADEIROS NOMES DE:

ANINHA: ..................................   LUCINHA: ..................................

MARIAZINHA: ..................................   CAROLA: ..................................

## PRODUÇÃO RELÂMPAGO — MEU NOME

VOCÊ GOSTA DO SEU NOME? SABE QUEM O ESCOLHEU? VAMOS PESQUISAR SOBRE ISSO?

EM CASA, COM A AJUDA DE UM FAMILIAR, REGISTRE AS RESPOSTAS ÀS PERGUNTAS ABAIXO.

- QUAL É SEU NOME?

- VOCÊ GOSTA DO SEU NOME? POR QUÊ?

- QUEM ESCOLHEU SEU NOME?

- POR QUE FOI ESCOLHIDO ESSE NOME?

- SE VOCÊ NÃO TIVESSE ESSE NOME, QUAL OUTRO TERIA OU GOSTARIA DE TER?

- SE VOCÊ FOSSE UM(A) MENINO(A), QUE NOME GOSTARIA DE TER?

- VOCÊ TEM UM APELIDO? QUAL?

- NA SALA DE AULA, COMPARTILHE COM OS COLEGAS AS INFORMAÇÕES QUE VOCÊ REGISTROU.

VOCÊ JÁ ESCORREGOU EM UMA CASCA DE BANANA? LEIA ESTE OUTRO POEMA E DESCUBRA O QUE ACONTECEU COM MARIANA.

**MARIANA**

MENINA BACANA É MARIANA,
QUE NESTA SEMANA ESCORREGOU
NUMA CASCA DE BANANA
JOGADA NO CHÃO POR ANA,
MARIA E ANAMARIA.

MARIANA NINGUÉM ENGANA,
E NA OUTRA SEMANA JOGOU NO CHÃO
VÁRIAS CASCAS DE BANANAS.

SABE QUEM ESCORREGOU?

FABIANA, JULIANA, JOANA,
ELIANA, ADRIANA, CRISTIANA,
SUZANA, MORGANA, DAMIANA,
TATIANA, LUCIANA, LILIANA.

FOI A MAIOR **AGONIA**,
E, PARA COMPLETAR A **ANARQUIA**,
COLOCOU A CULPA EM ANA,
MARIA E ANAMARIA.

MENINA BACANA É MARIANA,
MAS SE ANAMARIA, MARIA
OU ANA A ENGANA
ELA **TRAMA**.

ASSIM É MARIANA.

**AGONIA:** PREOCUPAÇÃO, AFLIÇÃO.
**ANARQUIA:** CONFUSÃO, BAGUNÇA.
**TRAMA:** CONSPIRA, FAZ INTRIGA.

POESIAS DÃO NOMES OU NOMES DÃO POESIAS?, DE ANDRÉ NEVES. SÃO PAULO: MUNDO MIRIM, 2013.

# POR DENTRO DO TEXTO

**1** COMPLETE AS FRASES, DE ACORDO COM O POEMA.

**A)** MARIANA É UMA MENINA ........................................................................

**B)** NINGUÉM ENGANA ..................................................................................

**2** CONVERSE COM OS COLEGAS SOBRE AS QUESTÕES A SEGUIR.

**A)** O QUE ACONTECEU COM MARIANA NESTA SEMANA?

**B)** COMO MARIANA REAGIU?

**C)** VOCÊ ACHA CERTO O QUE MARIANA FEZ? POR QUÊ?

> OS POEMAS SÃO, ÀS VEZES, ORGANIZADOS EM GRUPOS DE **VERSOS**. CADA GRUPO DE VERSOS SE CHAMA **ESTROFE**.

**3** ESCREVA QUANTOS **VERSOS** E QUANTAS **ESTROFES** O POEMA **MARIANA** TEM.

..............................................................................................................................

**4** NO POEMA APARECEM VÁRIOS NOMES DE MENINAS. VEJA ALGUNS:

| MARIANA   ANA   FABIANA   ELIANA   JULIANA   TATIANA |

- QUE PARTE DOS NOMES SE REPETE EM TODOS ELES? PINTE ESSA PARTE NOS NOMES DO QUADRO.

**5** SIGA OS EXEMPLOS.

| **MARIANA** RIMA COM **BANANA**.     **AMOR** RIMA COM **FLOR**. |

**A)** **PASSARINHO** RIMA COM ..........................................................................

**B)** **ESCOLA** RIMA COM ..................................................................................

## VOCÊ EM AÇÃO

## ACRÓSTICO

AGORA VOCÊ VAI ESCREVER UM **ACRÓSTICO**, QUE É UM POEMA EM QUE AS LETRAS INICIAIS DE CADA VERSO FORMAM UM NOME. OBSERVE ESTE EXEMPLO:

**M** ENINA
**A** LEGRE
**R** ISONHA
**I** RMÃ
**A** MIGA

**OBJETIVOS DA PRODUÇÃO**: PRODUZIR UM ACRÓSTICO COM O PRÓPRIO NOME E EXPOR EM UM VARAL NA SALA DE AULA OU EM OUTRO ESPAÇO DA ESCOLA.

**PÚBLICO-ALVO**: COLEGAS DA CLASSE E ALUNOS DA ESCOLA.

## PLANEJANDO SUAS IDEIAS

**1** O PRIMEIRO PASSO SERÁ PENSAR EM PALAVRAS PARA CADA LETRA DO ALFABETO. PARA ISSO, A TURMA VAI ESCOLHER, EM CONJUNTO, DUAS OU TRÊS QUALIDADES QUE INICIEM COM CADA LETRA DO ALFABETO. VEJA ALGUNS EXEMPLOS:

**A** → **A**MIGO **A**LEGRE **A**TENCIOSO
**B** → **B**ACANA **B**ONITO **B**ONDOSO
**C** → **C**AMARADA **C**RIATIVO **C**URIOSO
**D** → **D**ISCIPLINADO **D**ESCONFIADO **D**ESLUMBRANTE
**E** → **E**STUDIOSO **E**MPOLGANTE **E**SPECIAL

**2** COM A AJUDA DO PROFESSOR, ESCREVA AS PALAVRAS EM UM CARTAZ, QUE FICARÁ EXPOSTO NA SALA DE AULA.

## RASCUNHO

**1** AGORA VOCÊ VAI PRODUZIR UM ACRÓSTICO COM SEU NOME. PARA ISSO, CONSULTE O CARTAZ COM O ALFABETO E ESCOLHA PALAVRAS QUE INICIEM COM AS LETRAS QUE FORMAM O SEU NOME. VEJA OUTRO EXEMPLO DE ACRÓSTICO.

**J**OVEM
**O**TIMISTA
**N**OTÁVEL
**A**MOROSO
**S**APECA

**2** ESCREVA, NO ESPAÇO A SEGUIR, O RASCUNHO DO ACRÓSTICO COM SEU NOME.

## REVISANDO SUAS IDEIAS

**1** FAÇA A AVALIAÇÃO DO SEU TEXTO RESPONDENDO ÀS PERGUNTAS A SEGUIR:

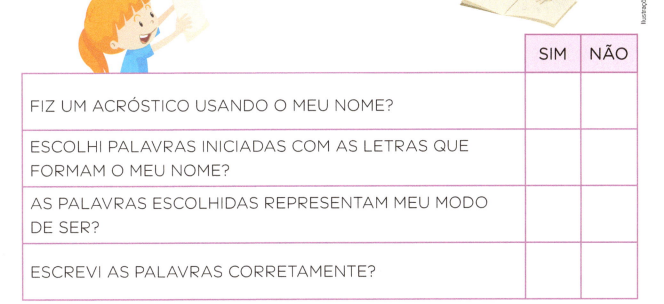

|  | SIM | NÃO |
|---|---|---|
| FIZ UM ACRÓSTICO USANDO O MEU NOME? |  |  |
| ESCOLHI PALAVRAS INICIADAS COM AS LETRAS QUE FORMAM O MEU NOME? |  |  |
| AS PALAVRAS ESCOLHIDAS REPRESENTAM MEU MODO DE SER? |  |  |
| ESCREVI AS PALAVRAS CORRETAMENTE? |  |  |

**2** PEÇA AO PROFESSOR QUE LEIA SEU ACRÓSTICO E O ORIENTE PARA AJUSTÁ-LO, SE NECESSÁRIO.

## TEXTO FINAL

**1** DEPOIS DA REVISÃO, CHEGOU A HORA DE FAZER A VERSÃO FINAL DE SEU TEXTO.

**2** EM UMA FOLHA AVULSA, PASSE A LIMPO SEU ACRÓSTICO.

**3** NÃO SE ESQUEÇA DE DEIXAR BEM DESTACADAS AS LETRAS QUE FORMAM SEU NOME.

**4** PARA ILUSTRAR O ACRÓSTICO E DEIXÁ-LO AINDA MAIS BONITO, FAÇA UM DESENHO SEU.

**5** COM A ORIENTAÇÃO DO PROFESSOR, VOCÊ E OS COLEGAS VÃO PENDURAR AS FOLHAS EM UMA VARAL COM PRENDEDORES.

**6** APRECIE OS ACRÓSTICOS DOS COLEGAS E CONVIDE ALUNOS DE OUTRAS TURMAS PARA CONHECEREM O VARAL DA TURMA.

# 2 LEITURA DE IMAGEM: PINTURA

## LEITURA 1

EM ALGUMAS REGIÕES DO BRASIL HÁ UMA BRINCADEIRA QUE SE CHAMA PULA CARNIÇA. VOCÊ CONHECE ESSA BRINCADEIRA?

VEJA A SEGUIR COMO UM FAMOSO PINTOR BRASILEIRO, CANDIDO PORTINARI, REPRESENTOU ESSA BRINCADEIRA EM UMA DE SUAS OBRAS.

**MENINOS PULANDO CARNIÇA**, DE CANDIDO PORTINARI, 1957 (ÓLEO SOBRE MADEIRA, 53,5 cm × 64,5 cm).

## QUEM É?

**CANDIDO PORTINARI** (1903-1962) FOI UM DOS PINTORES MAIS IMPORTANTES DO BRASIL. NASCEU EM BRODOWSKI, INTERIOR DO ESTADO DE SÃO PAULO. GOSTAVA DE RETRATAR EM SUAS PINTURAS A CULTURA E AS CARACTERÍSTICAS DO POVO BRASILEIRO.

**1** COMPLETE A FICHA COM AS INFORMAÇÕES.

| TÍTULO DA OBRA: | |
|---|---|
| NOME DO PINTOR/ARTISTA: | |
| ANO DE PRODUÇÃO: | |

A **PINTURA** É UMA FORMA DE ARTE NA QUAL SE USAM DIVERSOS TIPOS DE TINTAS E PIGMENTOS PARA COLORIR E CRIAR IMAGENS.

A PINTURA É UMA FORMA DE EXPRESSÃO E PODE TRANSMITIR AO PÚBLICO MENSAGENS, EMOÇÕES, REFLEXÕES, SENTIMENTOS.

**2** RELEIA ESTA INFORMAÇÃO DA LEGENDA:

ÓLEO SOBRE MADEIRA

- O QUE ESSA INFORMAÇÃO INDICA?

.......................................................................................

.......................................................................................

.......................................................................................

**3** A PINTURA RETRATA UM DOS TEMAS FAVORITOS DE CANDIDO PORTINARI. QUAL VOCÊ IMAGINA QUE SEJA O TEMA DESSA PINTURA?

.......................................................................................

**4** PORTINARI GOSTAVA DE PINTAR CRIANÇAS NO AR PARA QUE ELAS SE PARECESSEM COM ANJOS. NA SUA OPINIÃO, ESSA OBRA TEM ESSA CARACTERÍSTICA? POR QUÊ?

**5** MARQUE UM **X** NAS RESPOSTAS CORRETAS. DEPOIS, CONVERSE COM O PROFESSOR E OS COLEGAS, JUSTIFICANDO SUAS ESCOLHAS.

**A)** AS CRIANÇAS ESTÃO:

☐ PARADAS.

☐ EM MOVIMENTO.

**B)** AS ROUPAS DAS CRIANÇAS SÃO:

☐ SIMPLES E DE CORES FORTES.

☐ SIMPLES E DE CORES CLARAS.

**C)** AS CRIANÇAS PARECEM ESTAR:

☐ FELIZES.

☐ TRISTES.

**D)** A CENA PARECE SE PASSAR:

☐ NO CAMPO.

☐ NA CIDADE.

**6** DOS ELEMENTOS RETRATADOS NA IMAGEM, QUAL ESTÁ EM DESTAQUE?

........................................................................

**7** ALÉM DAS CRIANÇAS, QUE OUTROS ELEMENTOS APARECEM NA PINTURA?

........................................................................

## LEITURA 2

OBSERVE ESTA OUTRA PINTURA. O QUE VOCÊ ACHA DA PAISAGEM? JÁ ESTEVE EM UM LUGAR PARECIDO COM ESTE? COMO VOCÊ SE SENTIRIA NELE?

● **O MAMOEIRO**, DE TARSILA DO AMARAL, 1925 (ÓLEO SOBRE TELA, 64,5 cm × 70 cm).

## QUEM É?

**TARSILA DO AMARAL** (1886-1973) NASCEU EM CAPIVARI, NO ESTADO DE SÃO PAULO. EM SUAS OBRAS, GOSTAVA DE RETRATAR PLANTAS, FRUTOS E ANIMAIS TÍPICOS DA NATUREZA BRASILEIRA, ALÉM DE ELEMENTOS E PERSONAGENS DE NOSSO FOLCLORE. TAMBÉM GOSTAVA DE PINTAR PAISAGENS COM CASAS E REGIÕES DIFERENTES, MOSTRANDO A DIVERSIDADE DO BRASIL.

# POR DENTRO DO TEXTO

**1** RESPONDA:

**A)** QUAL É O TÍTULO DA PINTURA?

_____

**B)** QUAL É O NOME DA ARTISTA QUE A PRODUZIU?

_____

**C)** EM QUE ANO A OBRA FOI PRODUZIDA?

_____

**D)** QUAL FOI A TÉCNICA UTILIZADA?

_____

**2** PINTE OS BORRÕES DE TINTA ABAIXO COM AS TRÊS CORES QUE MAIS SE DESTACAM NA OBRA **O MAMOEIRO**.

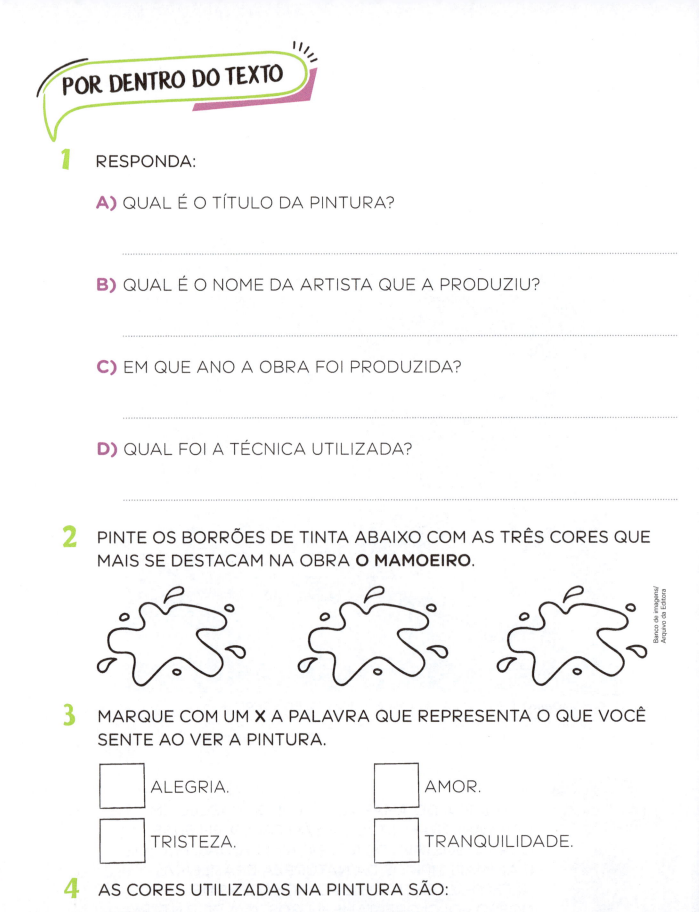

**3** MARQUE COM UM **X** A PALAVRA QUE REPRESENTA O QUE VOCÊ SENTE AO VER A PINTURA.

☐ ALEGRIA. ☐ AMOR.

☐ TRISTEZA. ☐ TRANQUILIDADE.

**4** AS CORES UTILIZADAS NA PINTURA SÃO:

☐ FORTES. ☐ SUAVES.

**5** QUAIS ELEMENTOS SÃO RETRATADOS NA PINTURA? VOCÊ PODE DESENHAR OU ESCREVER AS PALAVRAS.

**6** O QUE MAIS CHAMOU A SUA ATENÇÃO NA PINTURA DE TARSILA?

☐ AS PESSOAS. ☐ AS CASAS.

☐ A NATUREZA. ☐ OUTROS: ........................

**7** TARSILA DO AMARAL RETRATAVA EM SUAS OBRAS ELEMENTOS DA CULTURA E DA NATUREZA DO BRASIL. ESCREVA O NOME DA FRUTA QUE FOI REPRESENTADA NA PINTURA QUE VOCÊ OBSERVOU.

................................................................................

**8** OBSERVE NOVAMENTE A CENA E RESPONDA:

**A)** EM SUA OPINIÃO, QUEM SERIAM AS PESSOAS QUE APARECEM NA IMAGEM?

**B)** POR QUE SERÁ QUE A MULHER E AS CRIANÇAS ESTÃO DE MÃOS DADAS?

**9** QUAL ELEMENTO É COLOCADO EM DESTAQUE NA CENA?

☐ A NATUREZA. ☐ AS PESSOAS.

**PRODUÇÃO RELÂMPAGO**

## NOVAS CORES PARA A PINTURA

COMO VOCÊ VIU, TARSILA DO AMARAL GOSTAVA DE RETRATAR CENAS BEM BRASILEIRAS EM SEUS QUADROS. COM FREQUÊNCIA ELA USAVA AS CORES QUE FAZEM PARTE DA BANDEIRA DO BRASIL.

O DESENHO ABAIXO É UMA REPRODUÇÃO EM PRETO E BRANCO DE OUTRA OBRA DE TARSILA, **A CUCA**. PINTE-A COMO ACHAR MAIS BONITO. VOCÊ PODE SEGUIR O ESTILO DE TARSILA, UTILIZANDO MUITAS CORES EM TONS FORTES, OU COLORIR COM AS CORES QUE PREFERIR. AGORA, VOCÊ É O ARTISTA.

- REPRODUÇÃO EM PRETO E BRANCO DA OBRA **A CUCA**, DE TARSILA DO AMARAL.

- DEPOIS DE PRONTA, MOSTRE SUA OBRA PARA OS COLEGAS E CONVERSEM SOBRE AS CORES QUE CADA UM ESCOLHEU.

## VOCÊ EM AÇÃO

### RELEITURA DE PINTURA

AGORA, VOCÊ VAI FAZER A RELEITURA DE UMA PINTURA.

FAZER UMA RELEITURA É CRIAR UMA OBRA NOVA A PARTIR DA OBRA ORIGINAL, POR EXEMPLO, MODIFICANDO AS CORES, A POSIÇÃO DOS ELEMENTOS E SEUS TAMANHOS, INSERINDO ELEMENTOS NOVOS, USANDO MATERIAIS DIFERENTES, ETC.

VEJA A SEGUIR A RELEITURA DE UMA OBRA CONHECIDA.

**MONA LISA**, DE LEONARDO DA VINCI, CERCA DE 1503 (ÓLEO SOBRE PAINEL, 76,8 cm × 53 cm).

RELEITURA DA OBRA **MONA LISA**, FEITA POR MAURICIO DE SOUSA, 2010.

**OBJETIVOS DA PRODUÇÃO**: PRODUZIR A RELEITURA DE UMA PINTURA CONHECIDA E MONTAR COM A TURMA UMA EXPOSIÇÃO COM AS OBRAS CRIADAS.

**PÚBLICO-ALVO**: COLEGAS DA CLASSE E ALUNOS DA ESCOLA, FAMILIARES E COMUNIDADE ESCOLAR.

## PLANEJANDO SUAS IDEIAS

**1** VOCÊ VAI FAZER A RELEITURA DA OBRA **BOLINHA DE SABÃO**, DE IVAN CRUZ. OBSERVE-A.

● **BOLINHA DE SABÃO**, DE IVAN CRUZ (100 cm × 100 cm).

**2** AGORA, RESPONDA ÀS QUESTÕES A SEGUIR COM OS COLEGAS E O PROFESSOR.

- QUAL É O TEMA DA PINTURA?
- QUAIS ELEMENTOS FORAM RETRATADOS?
- EM QUE LUGAR AS CRIANÇAS ESTÃO?
- QUAIS SÃO AS CORES USADAS NA PINTURA? ELAS SÃO FORTES OU SUAVES?

**3** PARA FAZER A RELEITURA DA PINTURA **BOLINHA DE SABÃO**, LEMBRE-SE:

- VOCÊ PODE USAR CORES DIFERENTES, DE ACORDO COM SEU GOSTO;
- AS FORMAS DOS ELEMENTOS TAMBÉM PODERÃO SER MODIFICADAS;
- SE QUISER, PODE INCLUIR ELEMENTOS NOVOS, DESDE QUE NÃO MUDE A TEMÁTICA;
- VOCÊ PODE USAR MATERIAIS DIVERSOS.

# RASCUNHO

USE O DESENHO A SEGUIR PARA FAZER UM RASCUNHO DE SUA RELEITURA.

REPRODUÇÃO EM PRETO E BRANCO DA OBRA **BOLINHA DE SABÃO**, DE IVAN CRUZ.

# REVISANDO SUAS IDEIAS

REÚNA-SE COM UM COLEGA E AVALIEM A RELEITURA DA PINTURA UM DO OUTRO. OBSERVEM OS SEGUINTES ITENS:

|  | SIM | NÃO |
|---|---|---|
| SERÃO USADAS CORES DIFERENTES DA OBRA ORIGINAL? |  |  |
| SERÃO COLOCADOS NOVOS ELEMENTOS OU USADOS MATERIAIS DIFERENTES? |  |  |
| SERÁ POSSÍVEL RELACIONAR A PRODUÇÃO À OBRA ORIGINAL? |  |  |

# TEXTO FINAL

**1** EM UMA FOLHA DE PAPEL PARA DESENHO OU EM UMA TELA PARA PINTURA, FAÇA SUA RELEITURA DA OBRA **BOLINHA DE SABÃO**.

**2** SEGUINDO A ORIENTAÇÃO DO PROFESSOR, ORGANIZE COM OS COLEGAS UMA EXPOSIÇÃO DAS OBRAS PRODUZIDAS.

**3** CONVIDE OUTRAS TURMAS, PROFESSORES, FUNCIONÁRIOS DA ESCOLA E FAMILIARES PARA VISITAR A EXPOSIÇÃO.

# 3 LISTA DE REGRAS DE CONVIVÊNCIA

## LEITURA 1

VOCÊ JÁ OBSERVOU COMO AS REGRAS NOS AJUDAM A CONVIVER BEM COM AS PESSOAS?

O TEXTO QUE VOCÊ VAI LER FAZ PARTE DO LIVRO **POR QUE NÃO POSSO?: UM LIVRO SOBRE REGRAS**. NESSA HISTÓRIA, JÚLIA CUIDA DE SEUS IRMÃOS MENORES. UM DELES, O JONAS, NÃO GOSTA MUITO DE OBEDECER E SE ENVOLVE EM MUITOS PROBLEMAS POR NÃO PERCEBER A IMPORTÂNCIA DE RESPEITAR REGRAS.

VEJA A SEGUIR A REPRODUÇÃO DE DUAS PÁGINAS DO LIVRO.

JÚLIA OS LEVOU AO PARQUE.

ELES TINHAM DE ATRAVESSAR UMA RUA.

JÚLIA DISSE QUE HÁ **REGRAS** PARA ATRAVESSAR AS RUAS.

ELES TINHAM DE **PARAR, OLHAR** E **OUVIR**.

POR QUE NÃO POSSO?: UM LIVRO SOBRE REGRAS, DE SUE GRAVES. EDITORA MODERNA, 2012.

## POR DENTRO DO TEXTO

**1** OBSERVE A PRIMEIRA PÁGINA DO LIVRO E RESPONDA:

**A)** AS CRIANÇAS ESTÃO:

☐ NA RUA.   ☐ NA CALÇADA.

**B)** JONAS PARECE TER:

☐ MEDO.   ☐ PRESSA.

**2** O QUE ELES TINHAM DE FAZER PARA CHEGAR AO PARQUE?

**3** ANOTE, NO ESPAÇO ABAIXO, AS TRÊS REGRAS DITAS POR JÚLIA PARA ATRAVESSAR A RUA.

1. ........................................................................
2. ........................................................................
3. ........................................................................

**4** VOCÊ ACHA QUE AS REGRAS PARA ATRAVESSAR A RUA SÃO IMPORTANTES? POR QUÊ?

**5** CONVERSE COM OS COLEGAS SOBRE OUTRAS REGRAS QUE DEVEM SER RESPEITADAS AO CAMINHAR PELAS RUAS E AO ATRAVESSÁ-LAS.

> **REGRAS** SÃO TEXTOS QUE ORIENTAM O MODO DE AGIR EM DETERMINADOS LUGARES. POR EXEMPLO, AS REGRAS PARA UTILIZAR A BIBLIOTECA. ELAS SÃO IMPORTANTES PARA A BOA CONVIVÊNCIA, PARA ORGANIZAR SITUAÇÕES DO DIA A DIA, PARA GARANTIR NOSSA SEGURANÇA.

**6** EM SUA ESCOLA HÁ MUITAS REGRAS? DIGA UMA REGRA QUE VOCÊ ACHA IMPORTANTE. ANOTE-A NO ESPAÇO A SEGUIR.

VOCÊ JÁ RECEBEU DICAS PARA MELHORAR ALGUM COMPORTAMENTO QUE ESTAVA DESAGRADANDO AS PESSOAS? E JÁ DEU DICAS PARA ALGUÉM?

LEIA A SEGUIR ALGUMAS DICAS DE BOA CONVIVÊNCIA.

**ALGUMAS DICAS PARA VIVER BEM COM OS OUTROS**

TENHO O DIREITO DE EXPRESSAR MINHAS OPINIÕES E O DEVER DE OUVIR A OPINIÃO DOS OUTROS

TENHO O DIREITO DE DISCORDAR DE OPINIÕES DIFERENTES DA MINHA E O DEVER DE EXPRESSAR ISSO DE MODO **CIVILIZADO**

TENHO O DIREITO DE FICAR SOZINHO OU JUNTO COM MEUS COLEGAS E O DEVER DE SER SOLIDÁRIO COM QUEM QUISER COMPANHIA

TENHO O DIREITO DE FREQUENTAR AMBIENTES **PACÍFICOS** E **ESTIMULANTES** E O DEVER DE COLABORAR PARA QUE ISSO ACONTEÇA

TENHO O DIREITO A TER HORAS PARA BRINCAR E O DEVER DE ME ESFORÇAR NOS ESTUDOS

TENHO O DIREITO DE TER ADULTOS QUE SE RESPONSABILIZEM POR MIM E O DEVER DE RESPEITÁ-LOS

TENHO O DIREITO DE SER COMO SOU, DESDE QUE ISSO NÃO INTERFIRA NO BEM-ESTAR DOS OUTROS, E O DEVER DE RESPEITAR AS DIFERENÇAS DOS OUTROS

TENHO O DIREITO DE FREQUENTAR ESPAÇOS PÚBLICOS QUE PERMITAM A ENTRADA DE CRIANÇAS, E O DEVER DE RESPEITAR AS REGRAS DESSES ESPAÇOS

**CIVILIZADO:** GENTIL; EDUCADO.
**ESTIMULANTES:** ANIMADORES; QUE DESPERTAM O INTERESSE.
**PACÍFICOS:** TRANQUILOS; CALMOS.

ROSELY SAYÃO. **FOLHA DE S.PAULO**, 4 SET. 2004. DISPONÍVEL EM: <https://www1.folha.uol.com.br/folhinha/dicas/di04090404.htm>. ACESSO EM: 21 AGO. 2019.

# POR DENTRO DO TEXTO

**1** POR QUEM FOI ESCRITO O TEXTO QUE VOCÊ LEU?

...................................................................................................................................

**2** O TEXTO FOI PUBLICADO EM UM JORNAL DISPONÍVEL NA INTERNET. QUAL É O NOME DESSE JORNAL?

...................................................................................................................................

**3** QUAL É O OBJETIVO DAS DICAS LISTADAS NO TEXTO?

> **DICAS** SÃO INFORMAÇÕES QUE PODEM AJUDAR A LIDAR MAIS FACILMENTE COM AS SITUAÇÕES. ELAS PODEM SER PASSADAS DE UMA PESSOA PARA OUTRA, ESCRITAS EM REVISTAS, NA INTERNET, ETC.

**4** ANOTE NO QUADRO UM DIREITO E UM DEVER CITADOS NO TEXTO.

| DIREITO | DEVER |
|---|---|
|  |  |
|  |  |
|  |  |
|  |  |

**5** RELEIA ESTE TRECHO DO TEXTO.

TENHO O DIREITO DE FREQUENTAR ESPAÇOS PÚBLICOS QUE PERMITAM A ENTRADA DE CRIANÇAS, E O DEVER DE RESPEITAR AS REGRAS DESSES ESPAÇOS

**A)** QUE ESPAÇOS PODERIAM SER ESSES?

...................................................................................................................................

**B)** DOS ESPAÇOS QUE VOCÊ CITOU, ESCOLHA UM E APONTE UM DIREITO E UM DEVER QUE TEMOS AO ESTAR NESSE ESPAÇO.

...................................................................................................................................

## PRODUÇÃO RELÂMPAGO — REGRAS NO PARQUINHO

**1** OBSERVE ESTA CENA.

- AGORA, CONVERSE COM OS COLEGAS E O PROFESSOR SOBRE AS QUESTÕES A SEGUIR.

    A) TODAS AS CRIANÇAS PARECEM ESTAR SE DIVERTINDO?

    B) TODAS AS CRIANÇAS ESTÃO USANDO OS BRINQUEDOS DA FORMA CORRETA? JUSTIFIQUE SUA RESPOSTA.

    C) O QUE PODE ACONTECER QUANDO NÃO USAMOS OS BRINQUEDOS DO PARQUINHO DE FORMA ADEQUADA?

**2** VAMOS FAZER UMA LISTA COM REGRAS PARA AS CRIANÇAS QUE QUEREM BRINCAR NO PARQUINHO DA ILUSTRAÇÃO? CONVERSE COM OS COLEGAS E O PROFESSOR E ESCREVA NAS LINHAS ABAIXO.

# VOCÊ EM AÇÃO

## LISTA DE REGRAS DE CONVIVÊNCIA

A ESCOLA É UM LUGAR EM QUE APRENDEMOS MUITO. PARA QUE O APRENDIZADO SEJA DIVERTIDO E AGRADÁVEL PARA TODOS, É IMPORTANTE SEGUIR ALGUMAS REGRAS. ENTÃO, CHEGOU A HORA DE PRODUZIR COM A TURMA UMA LISTA DE REGRAS E COMBINADOS.

**OBJETIVO DA PRODUÇÃO:** CRIAR COLETIVAMENTE UMA LISTA DE REGRAS E COMBINADOS DA TURMA, COM O OBJETIVO DE CONTRIBUIR PARA A BOA CONVIVÊNCIA ENTRE TODOS NA ESCOLA.

**PÚBLICO-ALVO:** COLEGAS DA CLASSE, ALUNOS, PROFESSORES E COLABORADORES DA ESCOLA.

## PLANEJANDO SUAS IDEIAS

**1** OBSERVEM ESTAS IMAGENS. ELAS SÃO DE AMBIENTES DE UMA ESCOLA.

**2** AGORA, CONVERSE COM OS COLEGAS E O PROFESSOR SOBRE AS SEGUINTES QUESTÕES:

   **A)** QUAIS SÃO OS AMBIENTES QUE EXISTEM NA SUA ESCOLA?

   **B)** QUAIS SÃO AS REGRAS DESSES AMBIENTES?

   **C)** OS ALUNOS CONHECEM E SEGUEM AS REGRAS?

**3** ESCOLHA, COM OS COLEGAS, UM AMBIENTE DA ESCOLA PARA PRODUZIR UMA LISTA DE REGRAS DE CONVIVÊNCIA. ANOTE ABAIXO A DECISÃO DA TURMA.

## RASCUNHO

**1** PENSE EM REGRAS QUE POSSAM CONTRIBUIR PARA A BOA CONVIVÊNCIA NO AMBIENTE ESCOLHIDO PELA TURMA E ANOTE SUAS IDEIAS NO CADERNO.

**2** SEGUINDO AS ORIENTAÇÕES DO PROFESSOR, TODOS VÃO COMPARTILHAR AS IDEIAS QUE SURGIRAM.

**3** O PROFESSOR VAI ANOTAR AS IDEIAS NA LOUSA PARA QUE TODOS POSSAM LER E CONSTRUIR O TEXTO DE FORMA CONJUNTA.

**4** POR FIM, LEIAM JUNTOS AS REGRAS PRODUZIDAS.

## REVISANDO SUAS IDEIAS

**1** COM OS COLEGAS E O PROFESSOR, FAÇA A AVALIAÇÃO DO TEXTO PRODUZIDO USANDO O QUADRO A SEGUIR:

| | SIM | NÃO |
|---|---|---|
| COMPARTILHEI MINHAS IDEIAS COM A TURMA? | | |
| OUVI COM ATENÇÃO AS SUGESTÕES DOS COLEGAS? | | |
| AS IDEIAS SUGERIDAS PELA TURMA PODERÃO COLABORAR PARA UM AMBIENTE AGRADÁVEL PARA TODOS? | | |
| AS IDEIAS SÃO FÁCEIS DE COMPREENDER E SIMPLES DE SEGUIR? | | |
| AS PALAVRAS FORAM ESCRITAS CORRETAMENTE? | | |
| AS REGRAS ESTÃO ESCRITAS EM FORMA DE LISTA, OU SEJA, UMA ABAIXO DA OUTRA? | | |

**2** RELEIAM A LISTA E FAÇAM AS ALTERAÇÕES NECESSÁRIAS.

## TEXTO FINAL

**1** COPIE NO ESPAÇO ABAIXO A VERSÃO FINAL DA LISTA DE REGRAS DE CONVIVÊNCIA.

**2** O PROFESSOR VAI COPIAR EM UM CARTAZ, COM LETRAS GRANDES, AS REGRAS DE CONVIVÊNCIA E A TURMA VAI ILUSTRÁ-LO.

**3** SE QUISEREM, TAMBÉM PODERÃO FAZER FOLHETOS COM AS REGRAS PARA SEREM DISTRIBUÍDOS NA ESCOLA.

**4** SEGUINDO A ORIENTAÇÃO DO PROFESSOR, AJUDE A AFIXAR O CARTAZ NO AMBIENTE ESCOLHIDO.

# UNIDADE 2
## HISTÓRIAS PARA CONTAR!

### ENTRE NESTA RODA

- OBSERVE A CENA COM ATENÇÃO. O QUE VOCÊ IDENTIFICA NESTA ILUSTRAÇÃO?
- EM SUA OPINIÃO, QUAL É A MELHOR HORA PARA LER OU OUVIR UMA HISTÓRIA?
- QUAIS SÃO SUAS HISTÓRIAS FAVORITAS?
- VOCÊ ACHA QUE LER É DIVERTIDO? POR QUÊ?

# 4 CONTO TRADICIONAL

## LEITURA 1

MUITAS HISTÓRIAS QUE CONHECEMOS FAZEM PARTE DA TRADIÇÃO ORAL E VÊM SENDO CONTADAS E RECONTADAS DE GERAÇÃO EM GERAÇÃO, DE UMA PESSOA PARA OUTRA, DURANTE SÉCULOS. É O CASO DE **CACHINHOS DOURADOS**. VOCÊ CONHECE ESSA HISTÓRIA?

ACOMPANHE A LEITURA QUE O PROFESSOR VAI FAZER.

### CACHINHOS DOURADOS E OS TRÊS URSOS

ERA UMA VEZ, TRÊS URSOS. PAPAI URSO ERA GRANDÃO. MAMÃE URSA ERA UM POUCO MENOR E O BEBÊ URSO ERA BEM PEQUENININHO.

PAPAI URSO TINHA UMA TIGELA DE MINGAU GRANDONA. A TIGELA DA MAMÃE URSA ERA UM POUCO MENOR E O BEBÊ URSO TINHA UMA TIGELINHA.

MAMÃE URSA ENCHEU AS TIGELAS COM MINGAU QUENTE. FORAM DAR UMA VOLTA, ENQUANTO O MINGAU ESFRIAVA. ENTÃO, CACHINHOS DOURADOS CHEGOU E, NÃO VENDO NINGUÉM NA CASA, ENTROU.

VENDO O MINGAU, CACHINHOS DOURADOS PROVOU DA TIGELA DO PAPAI URSO. ESTAVA MUITO QUENTE. AÍ, PROVOU O MINGAU DA TIGELA DA MAMÃE URSA. ESTAVA MUITO FRIO.

DEPOIS, PROVOU DA TIGELA DO BEBÊ URSO. HUM! ESTAVA UMA DELÍCIA. COMEU TUDO!

CACHINHOS DOURADOS FOI SE SENTAR NA CADEIRA DO PAPAI URSO. ERA MUITO ALTA. DEPOIS, SENTOU-SE NA CADEIRA DA MAMÃE URSA. ERA MUITO LARGA.

ENTÃO, JOGOU-SE NA CADEIRA DO BEBÊ URSO, QUE SE QUEBROU TODA.

CACHINHOS DOURADOS FICOU COM SONO E FOI DEITAR-SE NA CAMA DO PAPAI URSO. ERA MUITO DURA. DEITOU-SE NA CAMA DA MAMÃE URSA. ACHOU MACIA DEMAIS.

ENTÃO, DEITOU-SE NA CAMA DO BEBÊ URSO. ACHOU-A MUITO ACONCHEGANTE. AÍ, ELA ADORMECEU.

OS TRÊS URSOS VOLTARAM COM FOME.

— ALGUÉM COMEU O MEU MINGAU! – ROSNOU O PAPAI URSO.

— ALGUÉM COMEU O MEU MINGAU! – FALOU A MAMÃE URSA.

— ALGUÉM COMEU O MEU MINGAU! – DISSE O BEBÊ URSO, E COMPLETOU:

— E COMEU TUDO!

OS TRÊS URSOS VIRAM QUE TUDO ESTAVA FORA DE ORDEM.

— ALGUÉM SE SENTOU NA MINHA CADEIRA! – ROSNOU O PAPAI URSO.

— ALGUÉM SE SENTOU NA MINHA CADEIRA! – REPAROU A MAMÃE URSA.

— ALGUÉM SE SENTOU NA MINHA CADEIRA! – DISSE O BEBÊ URSO, E COMPLETOU:

— E ESTÁ TODA QUEBRADA!

NO QUARTO, PAPAI URSO ROSNOU:

— ALGUÉM DEITOU-SE AQUI!

E A MAMÃE URSA FALOU:

— ALGUÉM DEITOU-SE AQUI!

E O BEBÊ URSO DISSE:

— ALGUÉM DEITOU-SE AQUI E AINDA ESTÁ DEITADA!

DE REPENTE, CACHINHOS DOURADOS ACORDOU E VIU OS TRÊS URSOS À SUA FRENTE. FICOU TÃO ASSUSTADA QUE SAIU CORRENDO PARA CASA. NUNCA MAIS CACHINHOS DOURADOS ENTROU NA CASA DE OUTRAS PESSOAS SEM AVISAR.

**TESOUROS CLÁSSICOS**. SÃO PAULO: BRASILEITURA, 2008.

# POR DENTRO DO TEXTO

**1** ESCREVA NAS LINHAS ABAIXO O NOME DOS PERSONAGENS DO CONTO.

.................................................

.................................................

.................................................

.................................................

> O TEXTO **CACHINHOS DOURADOS** É UM **CONTO TRADICIONAL**.
>
> OS CONTOS TRADICIONAIS SÃO HISTÓRIAS QUE FORAM SENDO CONTADAS ORALMENTE AO LONGO DAS GERAÇÕES, SEM QUE SE SAIBA AO CERTO QUEM AS CRIOU. EM GERAL, ESSAS HISTÓRIAS SE PASSAM EM UM TEMPO INDETERMINADO, EM CASTELOS, BOSQUES, FLORESTAS E OUTROS LUGARES QUE PODEM SER MÁGICOS.

**2** MARQUE A RESPOSTA CERTA COM UM **X**.

**A)** MAMÃE URSA ENCHEU AS TIGELAS COM:

☐ SOPA.   ☐ MINGAU.

**B)** APÓS ENCHER AS TIGELAS, OS URSOS FORAM:

☐ DAR UMA VOLTA.   ☐ DORMIR UM POUCO.

**C)** ONDE SE PASSA A HISTÓRIA?

☐ NA CIDADE.   ☐ NA FLORESTA.

**3** NUMERE A ORDEM DOS ACONTECIMENTOS.

☐ CACHINHOS DOURADOS PROVOU O MINGAU DO BEBÊ URSO E GOSTOU.

☐ CACHINHOS DOURADOS SENTOU-SE NAS CADEIRAS DOS URSOS.

☐ CACHINHOS DOURADOS ENTROU NA CASA DOS URSOS.

☐ CACHINHOS DOURADOS DORMIU NA CAMA DO BEBÊ URSO.

☐ OS URSOS VOLTARAM DO PASSEIO.

**4** DEPOIS DE COMER O MINGAU DOS URSOS, CACHINHOS DOURADOS AVISTOU TRÊS CADEIRAS. ESCREVA O QUE ACONTECEU QUANDO A MENINA SE SENTOU NA CADEIRA DO BEBÊ URSO.

...................................................................................................................................

...................................................................................................................................

**5** COMPLETE AS FRASES COM AS PALAVRAS DO QUADRO.

| PEQUENA    LARGA    ALTA |

A CADEIRA DO PAPAI URSO ERA ........................... .

A CADEIRA DA MAMÃE URSA ERA ........................... .

A CADEIRA DO BEBÊ URSO ERA ........................... .

**6** COMPLETE A FRASE COM PALAVRAS DO QUADRO.

| CAMA    BEBÊ URSO |

CACHINHOS DOURADOS ESCOLHEU A ...........................

DO ........................................... PORQUE ERA ACONCHEGANTE.

**7** VOCÊ LEU UM CONTO EM QUE ALGUNS PERSONAGENS AGEM COMO SE FOSSEM PESSOAS. O QUE ELES FAZEM?

**PRODUÇÃO RELÂMPAGO** → **DESENHO DO FINAL DO CONTO**

**1** NO FINAL DO CONTO, CACHINHOS DOURADOS FICA TÃO ASSUSTADA QUE FOGE DA CASA DOS URSOS SEM NEM PEDIR DESCULPAS PELA BAGUNÇA QUE FEZ. RELEIA O TRECHO FINAL.

DE REPENTE, CACHINHOS DOURADOS ACORDOU E VIU OS TRÊS URSOS À SUA FRENTE. FICOU TÃO ASSUSTADA QUE SAIU CORRENDO PARA CASA. NUNCA MAIS CACHINHOS DOURADOS ENTROU NA CASA DE OUTRAS PESSOAS SEM AVISAR.

**2** DESENHE NO ESPAÇO ABAIXO ESSA CENA DA HISTÓRIA E, DEPOIS, COMPARTILHE COM OS COLEGAS.

# LEITURA 2

AGORA VOCÊ VAI OUVIR A LEITURA DE UMA HISTÓRIA QUE JÁ DEVE CONHECER. SERÁ QUE ESSA HISTÓRIA NOS TRANSMITE UMA IMPORTANTE MENSAGEM? ACOMPANHE A LEITURA E DESCUBRA.

**CHAPEUZINHO VERMELHO**

ERA UMA VEZ UMA MENINA CONHECIDA COMO CHAPEUZINHO VERMELHO. UM DIA SUA MÃE PEDIU QUE ELA LEVASSE UMA CESTA DE DOCES PARA SUA VOVÓ QUE MORAVA DO OUTRO LADO DO BOSQUE.

CAMINHANDO PELO BOSQUE, A MENINA ENCONTROU O LOBO:

— ONDE VAI, CHAPEUZINHO? – PERGUNTOU O LOBO.

— VOU À CASA DA VOVÓ LEVAR ESTA CESTA DE DOCES! – RESPONDEU CHAPEUZINHO.

— MUITO BEM, BOA MENINA! POR QUE NÃO LEVA FLORES TAMBÉM?

ENQUANTO CHAPEUZINHO COLHIA AS FLORES, O LOBO CORREU PARA A CASA DA VOVÓ.

BATEU À PORTA E, IMITANDO A VOZ DE CHAPEUZINHO VERMELHO, PEDIU PARA ENTRAR.

ASSIM QUE ENTROU, DEU UM PULO E DEVOROU A VOVÓ INTEIRINHA. DEPOIS, COLOCOU A TOUCA, OS ÓCULOS E SE COBRIU, ESPERANDO CHAPEUZINHO.

— QUE OLHOS ENORMES, VOVÓ!

— É PRA TE VER MELHOR!

— QUE NARIZ COMPRIDO!

— É PRA TE CHEIRAR!

— E ESSA BOCA, VOVOZINHA? QUE GRANDE!

— É PRA TE DEVORAR!

ENTÃO, O LOBO PULOU DA CAMA E CORREU PARA PEGAR CHAPEUZINHO.

UM CAÇADOR QUE PASSAVA PERTO DA CASA OUVIU O BARULHO E FOI VER O QUE ERA.

O LOBO TENTOU FUGIR, MAS O CAÇADOR PRENDEU O LOBO.

CHAPEUZINHO APARECEU E DISSE QUE O LOBO HAVIA ENGOLIDO A VOVÓ. O CAÇADOR ABRIU A BARRIGA DO LOBO E TIROU A VOVÓ SÃ E SALVA.

**TESOUROS CLÁSSICOS**. SÃO PAULO: BRASILEITURA, 2008.

# POR DENTRO DO TEXTO

**1** OS CONTOS **CACHINHOS DOURADOS** E **CHAPEUZINHO VERMELHO** COMEÇAM COM A MESMA EXPRESSÃO, INDICANDO QUE NÃO É POSSÍVEL SABER QUANDO AS HISTÓRIAS ACONTECERAM. QUE EXPRESSÃO É ESSA? COPIE-A.

...................................................................................................................................

**2** ESCREVA ABAIXO QUEM SÃO OS PERSONAGENS DA HISTÓRIA.

...................................................................................................................................

...................................................................................................................................

...................................................................................................................................

> QUEM CONTA A HISTÓRIA É O **NARRADOR**. ELE DESCREVE OS CENÁRIOS, AS AÇÕES DOS PERSONAGENS E NOS DÁ TODOS OS DETALHES PARA ENTENDERMOS A HISTÓRIA.

**3** SUBLINHE NO TEXTO, COM A AJUDA DO PROFESSOR, UM TRECHO QUE REPRESENTE UMA FALA DO NARRADOR.

**4** RELEIA ESTE TRECHO DO TEXTO E OBSERVE OS SINAIS DE PONTUAÇÃO QUE ESTÃO DESTACADOS.

— E ESSA BOCA, VOVOZINHA**?** QUE GRANDE**!**

— É PRA TE DEVORAR**!**

**A)** O QUE O PONTO DE INTERROGAÇÃO (**?**) INDICA NA FRASE?

**B)** O QUE OS PONTOS DE EXCLAMAÇÃO (**!**) INDICAM NAS FRASES?

**5** VOCÊ ACHA QUE CHAPEUZINHO VERMELHO AGIU BEM AO CONVERSAR COM O LOBO E SEGUIR SEU CONSELHO? CONVERSE COM OS COLEGAS E O PROFESSOR.

## FINAL DO CONTO

AGORA VOCÊ VAI SE REUNIR COM UM COLEGA PARA CRIAR UM NOVO DESFECHO, OU SEJA, UM NOVO FINAL PARA O CONTO **CHAPEUZINHO VERMELHO**. DEVE SER UM FINAL CRIATIVO E DIFERENTE DO ORIGINAL, DAQUELE QUE JÁ CONHECEMOS.

> **OBJETIVOS DA PRODUÇÃO**: CRIAR UM NOVO FINAL PARA O CONTO **CHAPEUZINHO VERMELHO** E FAZER UMA RODA DE LEITURA PARA COMPARTILHAR COM OS COLEGAS. POR FIM, COMPOR UM LIVRETO DE CONTOS DA TURMA.
>
> **PÚBLICO-ALVO**: COLEGAS DA CLASSE E VISITANTES DA BIBLIOTECA.

### PLANEJANDO SUAS IDEIAS

COM O COLEGA, RELEIA O CONTO E PENSE NAS SEGUINTES QUESTÕES:

- O QUE ACONTECEU COM O LOBO DEPOIS QUE O CAÇADOR ENTROU NA CASA DA VOVÓ?
- O QUE ACONTECEU COM CHAPEUZINHO VERMELHO DEPOIS QUE O LOBO CORREU PARA PEGÁ-LA?
- COMO O CAÇADOR SALVOU CHAPEUZINHO DO LOBO?
- O QUE O CAÇADOR PODE TER DITO A CHAPEUZINHO DEPOIS DE SALVAR A VOVÓ?
- O QUE CHAPEUZINHO APRENDEU COM ESSA HISTÓRIA?

### RASCUNHO

1. AGORA, ESCREVAM O RASCUNHO DO FINAL DO CONTO EM UMA FOLHA AVULSA.
2. IMAGINEM UM FINAL NOVO, BEM DIFERENTE DAQUELE JÁ CONHECIDO.

**3** LEMBREM-SE DE QUE O FINAL DEVE SER DIFERENTE E DEVE COMEÇAR A PARTIR DO MOMENTO EM QUE O CAÇADOR ENTRA NA CASA DA VOVÓ. LEIA ESSE TRECHO DA HISTÓRIA:

> UM CAÇADOR QUE PASSAVA PERTO DA CASA OUVIU O BARULHO E FOI VER O QUE ERA.

## REVISANDO SUAS IDEIAS

COM A AJUDA DO PROFESSOR, FAÇAM A REVISÃO DO TEXTO SEGUINDO O QUADRO ABAIXO.

| | SIM | NÃO |
|---|---|---|
| VOCÊ E O COLEGA CRIARAM UM FINAL NOVO PARA A HISTÓRIA **CHAPEUZINHO VERMELHO**? | | |
| O FINAL QUE VOCÊS CRIARAM FICOU INTERESSANTE? VAI SURPREENDER OS COLEGAS E PRENDER A ATENÇÃO DELES? | | |
| O FINAL DÁ CONTINUIDADE AO TRECHO LIDO? | | |
| A GRAFIA DAS PALAVRAS E O USO DOS SINAIS DE PONTUAÇÃO ESTÃO CORRETOS? | | |

## TEXTO FINAL

**1** APÓS A REVISÃO, FAÇAM AS MODIFICAÇÕES NECESSÁRIAS PARA MELHORAR O TEXTO.

**2** ESCREVAM A VERSÃO FINAL DO TEXTO NA FOLHA DO **MATERIAL DE APOIO**.

**3** ENTREGUEM O TEXTO AO PROFESSOR, QUE PRIMEIRO VAI ORGANIZAR A LEITURA DOS TEXTOS EM UMA **RODA DE LEITURA**, PARA QUE TODA A TURMA CONHEÇA OS FINAIS QUE FORAM CRIADOS.

**4** DEPOIS, O PROFESSOR VAI ORGANIZAR UM LIVRETO COM OS DIFERENTES FINAIS DO CONTO **CHAPEUZINHO VERMELHO**. AJUDEM-NO A FAZER A CAPA DO LIVRETO E ILUSTREM OS TEXTOS.

**5** COMBINEM COM O PROFESSOR COMO VÃO COMPARTILHAR O LIVRETO COM OUTRAS TURMAS, PROFESSORES E FAMILIARES.

# 5 LENDA

## LEITURA 1

VOCÊ SABE O QUE É UMA **LENDA**? CONHECE ALGUMA PARA CONTAR AOS COLEGAS? SABE COMO AS LENDAS SURGEM?

ACOMPANHE A LEITURA QUE O PROFESSOR VAI FAZER DE UMA LENDA DE ORIGEM INDÍGENA.

**O PAPAGAIO QUE FAZIA CRÁ-CRÁ**

HAVIA UM MENINO MUITO GULOSO QUE MORAVA NA FLORESTA COM SUA GENTE. ELE COMIA TÃO RÁPIDO QUE ENGOLIA OS ALIMENTOS SEM MASTIGÁ-LOS.

CERTA VEZ, A MÃE DELE CATOU MANGABAS PARA ASSAR. MANGABAS SÃO FRUTOS ARREDONDADOS E DOCES, COM POLPA MACIA E VÁRIOS CAROCINHOS.

O FILHO TIROU AS MANGABAS DA BRASA E COMEU AS FRUTAS SEM QUE ESFRIASSEM. AS MANGABAS QUEIMARAM A BOCA E A GARGANTA DO MENINO. ELE COMEÇOU A FAZER CRÁ-CRÁ, CRÁ-CRÁ, POIS QUERIA VOMITAR OS FRUTOS.

ENQUANTO ISSO, NASCERAM ASAS E PENAS PELO CORPO DO MENINO, E ELE SE TRANSFORMOU NO PAPAGAIO, QUE ATÉ HOJE CONTINUA A GRITAR CRÁ-CRÁ, CRÁ-CRÁ...

ESSA LENDA É DOS ÍNDIOS BORORO E FOI PUBLICADA POR ANTÔNIO COLBACCHINI E CÉSAR ALBISETTI EM 1942.

O PAPAGAIO QUE FAZIA CRÁ-CRÁ. **FOLHA DE S.PAULO**, 2 NOV. 2002. FOLHINHA. DISPONÍVEL EM: <https://acervo.folha.com.br/leitor.do?numero=15517&keyword=FOLHINHA&anchor=92914&origem=busca&_mather=660f8ba9ca604dea&pd=fe993f767fe09f322abe294e5c999775>. ACESSO EM: 28 AGO. 2019.

## POR DENTRO DO TEXTO

**1** QUEM CRIOU A LENDA **O PAPAGAIO QUE FAZIA CRÁ-CRÁ**? MARQUE A RESPOSTA COM UM **X**.

☐ JORNAL **FOLHA DE S.PAULO**.

☐ O POVO INDÍGENA BORORO.

> A HISTÓRIA DO PAPAGAIO É UMA **LENDA** DE ORIGEM INDÍGENA. AS LENDAS SÃO TRANSMITIDAS ORALMENTE E PASSADAS DE GERAÇÃO EM GERAÇÃO. POSSUEM ELEMENTOS REAIS E IMAGINÁRIOS E EXPLICAM A ORIGEM DE DETERMINADOS FATOS E ELEMENTOS DA NATUREZA. ALGUNS EXEMPLOS SÃO A LENDA DA MANDIOCA E A DA VITÓRIA-RÉGIA.

**2** RELEIA ESTES TRECHOS DO TEXTO:

"HAVIA UM MENINO MUITO GULOSO QUE MORAVA NA FLORESTA"

"NASCERAM ASAS E PENAS PELO CORPO DO MENINO"

- AGORA, COPIE NAS LINHAS ABAIXO O TRECHO QUE INDICA UM **FATO INCOMUM**, **FANTASIOSO**.

_____

_____

**3** OS FATOS A SEGUIR FORAM RETIRADOS DA LENDA QUE VOCÊ LEU. NUMERE-OS DE 1 A 3, CONFORME A ORDEM EM QUE OCORRERAM.

☐ O MENINO COMEÇOU A FAZER CRÁ-CRÁ E SE TRANSFORMOU EM UM PAPAGAIO.

☐ ERA UMA VEZ UM MENINO GULOSO QUE MORAVA NA FLORESTA.

☐ O MENINO QUEIMOU A BOCA E A GARGANTA COM MANGABAS QUENTES.

# PRODUÇÃO RELÂMPAGO — ONOMATOPEIAS

AS PALAVRAS QUE REPRODUZEM SONS SÃO CHAMADAS DE **ONOMATOPEIAS**.

**CRÁ-CRÁ** É UMA ONOMATOPEIA, PORQUE REPRODUZ O SOM EMITIDO PELO PAPAGAIO.

- LIGUE AS ONOMATOPEIAS A QUEM (OU A O QUE) PRODUZ OS SONS.

**A)** TIQUE-TAQUE

**B)** TOC, TOC

**C)** FOM-FOM

**D)** MIAU

**E)** COCORICÓ

## LEITURA 2

VOCÊ VAI LER AGORA UMA LENDA DE ORIGEM INDÍGENA QUE EXPLICA COMO A VITÓRIA-RÉGIA SURGIU.

### A VITÓRIA-RÉGIA

NUMA NOITE DE VERÃO, A LUA CHEIA ILUMINAVA A ALDEIA INDÍGENA COMO SE FOSSE DIA. PARA APRECIAR A BELEZA DA LUA, O CHEFE SAIU PARA DAR UMA VOLTA. QUANDO AS CRIANÇAS VIRAM O VELHO CAMINHANDO EM DIREÇÃO À LAGOA, CORRERAM ATRÁS DELE. O ÍNDIO ESTAVA CONTEMPLATIVO, MAS AS CRIANÇAS QUERIAM OUVIR UMA DAQUELAS HISTÓRIAS QUE ELE SABIA CONTAR TÃO BEM.

O CHEFE APONTOU UMAS ESTRELAS NO CÉU E DISSE ÀS CRIANÇAS: "AQUELA É A ÍNDIA MANI; A OUTRA, MAIS NO ALTO, É JANÃ". DEPOIS VOLTOU O OLHAR PARA O MEIO DO LAGO, EM SILÊNCIO.

"POR QUE O SENHOR OLHA TANTO PARA O LAGO?", PERGUNTOU MAÍRA.

"ESTOU OLHANDO PARA ARACI", RESPONDEU, APONTANDO UMA VITÓRIA-RÉGIA.

"ARACI! SÓ ESTOU VENDO UMA VITÓRIA-RÉGIA!", ESPANTOU-SE SAUÊ.

"VOCÊS NÃO CONHECEM ESSA HISTÓRIA? ENTÃO ESTA NOITE VOU CONTAR A LENDA DA VITÓRIA-RÉGIA."

HÁ MUITOS ANOS, VIVIA NA ALDEIA UMA GAROTA SONHADORA CHAMADA ARACI. ESTAVA SEMPRE PENSANDO NUMA LENDA QUE DIZIA QUE A MULHER QUE CONSEGUISSE TOCAR A LUA IRIA SE CASAR COM O MAIS BELO GUERREIRO. ARACI VIVIA SUBINDO NO TOPO DOS MORROS E NAS ÁRVORES MAIS ALTAS NA TENTATIVA DE ALCANÇAR A LUA.

VITÓRIA-RÉGIA.

NUMA NOITE COMO ESTA, ELA PASSEAVA JUNTO À LAGOA, QUANDO VIU O REFLEXO DA LUA NA ÁGUA. IMAGINANDO QUE A LUA TIVESSE DESCIDO PARA SER TOCADA, MERGULHOU NO LAGO E FOI NADANDO NA SUA DIREÇÃO. MAS, QUANTO MAIS ELA NADAVA, MAIS A IMAGEM SE AFASTAVA. ESTAVA MUITO LONGE DA MARGEM QUANDO, DECEPCIONADA, RESOLVEU VOLTAR. ARACI COMEÇOU A NADAR COM AFOBAÇÃO, PERDEU O FÔLEGO E MORREU AFOGADA NO FUNDO DAS ÁGUAS. A LUA ASSISTIU À CENA E SENTIU REMORSO. JÁ QUE NÃO PODIA SE TORNAR UM LINDO GUERREIRO PARA SE CASAR COM ARACI, FARIA DELA UMA FLOR DIFERENTE, A MAIS BELA DE TODAS, E TRANSFORMOU O CORPO DA MOÇA NA VITÓRIA-RÉGIA. [...]

**VIAGEM PELO BRASIL EM 52 HISTÓRIAS**, DE SILVANA SALERNO.
SÃO PAULO: COMPANHIA DAS LETRINHAS, 2006.

## POR DENTRO DO TEXTO

**1** A LENDA EXPLICA:

☐ A ORIGEM DE UMA PLANTA CHAMADA **VITÓRIA-RÉGIA**.

☐ A ORIGEM DE OUTRO NOME DA LUA.

**2** ONDE ACONTECEM OS FATOS DA LENDA?

_____

**3** O CHEFE SAIU PARA:

☐ DAR UMA VOLTA.    ☐ ADMIRAR A LUA.

**4** POR QUE AS CRIANÇAS CORRERAM ATRÁS DO CHEFE?

**5** DE QUEM SÃO AS FALAS A SEGUIR? ESCREVA O NOME DOS PERSONAGENS.

**A)** "AQUELA É A ÍNDIA MANI; A OUTRA, MAIS NO ALTO, É JANÃ"

_____

**B)** "POR QUE O SENHOR OLHA TANTO PARA O LAGO?"

_____

**C)** "ARACI! SÓ ESTOU VENDO UMA VITÓRIA-RÉGIA!"

_____

**6** COMPLETE AS FRASES COM AS PALAVRAS DO QUADRO.

| ÁGUA    VITÓRIA-RÉGIA    LUA |

**A)** ARACI VIU O REFLEXO DA _____.

**B)** ELA PULOU NA _____ E SE AFOGOU.

**C)** A LUA TRANSFORMOU ARACI EM UMA _____.

## VOCÊ EM AÇÃO

### RECONTO DE LENDA

AGORA, VOCÊ VAI SE REUNIR COM UM COLEGA PARA ESCREVER O RECONTO DE UMA LENDA.

**OBJETIVOS DA PRODUÇÃO**: RECONTAR UMA LENDA E FAZER UMA RODA DE CONTAÇÃO/LEITURA. POR FIM, CONFECCIONAR UM LIVRETO DE LENDAS DA TURMA.

**PÚBLICO-ALVO**: COLEGAS DA CLASSE E LEITORES DA BIBLIOTECA.

### PLANEJANDO SUAS IDEIAS

**1** EM DUPLA, FAÇAM UMA PESQUISA DE LENDAS BRASILEIRAS. PARA ISSO, CONSULTEM LIVROS OU *SITES* NA INTERNET. A SEGUIR, VEJA ALGUMAS SUGESTÕES DE LENDAS.

- CURUPIRA
- SACI-PERERÊ
- GUARANÁ
- MANDIOCA
- BOITATÁ
- IARA
- CUCA
- NEGRINHO DO PASTOREIO

**2** SELECIONEM A LENDA DE QUE MAIS GOSTARAM E FAÇAM AS SEGUINTES ANOTAÇÕES:

- QUAIS SÃO OS PERSONAGENS? COMO PARTICIPAM DA HISTÓRIA?
- ONDE A HISTÓRIA SE PASSA?
- NO MOMENTO EM QUE SE PASSAM AS AÇÕES, HAVIA LUA NO CÉU? OU ERA MANHÃ? CHOVIA?
- QUAL É O FATO IMAGINÁRIO E FANTASIOSO DA LENDA?
- QUE OUTRAS INFORMAÇÕES PODEM SER ACRESCENTADAS?

**3** ANOTEM AS INFORMAÇÕES NO CADERNO E COMPARTILHEM-NAS COM O PROFESSOR, PARA QUE ELE VERIFIQUE SE VOCÊS TÊM AS INFORMAÇÕES PARA A PRODUÇÃO DO RECONTO.

## RASCUNHO

**1** APÓS RESPONDEREM ÀS PERGUNTAS DA ETAPA DE PLANEJAMENTO, ESCREVAM O RASCUNHO EM UMA FOLHA AVULSA.

**2** NO PRIMEIRO PARÁGRAFO, CONTEM ONDE A HISTÓRIA ACONTECE, DESCREVAM O AMBIENTE E APRESENTEM OS PERSONAGENS.

**3** NOS PARÁGRAFOS SEGUINTES, DESENVOLVAM AS AÇÕES DOS PERSONAGENS, DANDO DETALHES DA HISTÓRIA.

**4** VOCÊS PODEM INSERIR DIÁLOGOS, UTILIZANDO TRAVESSÃO PARA MARCAR AS FALAS DOS PERSONAGENS.

**5** POR FIM, ESCREVAM O DESFECHO, OU SEJA, O FINAL DA HISTÓRIA.

## REVISANDO SUAS IDEIAS

TROQUEM O TEXTO DE VOCÊS COM O DE OUTRA DUPLA. UMA DEVE LER E AVALIAR O TEXTO DA OUTRA, SEGUINDO O QUADRO ABAIXO.

|  | SIM | NÃO |
|---|---|---|
| AS ORIENTAÇÕES DA ETAPA DE RASCUNHO FORAM SEGUIDAS? |  |  |
| A LENDA FICOU INTERESSANTE, EMOCIONANTE? |  |  |
| A GRAFIA DAS PALAVRAS E O USO DA PONTUAÇÃO ESTÃO CORRETOS? |  |  |

## TEXTO FINAL

**1** APÓS A AVALIAÇÃO DOS COLEGAS, FAÇAM AS ALTERAÇÕES NECESSÁRIAS E PEÇAM AO PROFESSOR PARA AJUDÁ-LOS A MELHORAR O TEXTO.

**2** NA FOLHA DO **MATERIAL DE APOIO**, ESCREVAM A VERSÃO FINAL DA LENDA, FAÇAM UMA ILUSTRAÇÃO E ENTREGUEM AO PROFESSOR.

**3** ORGANIZEM UMA RODA DE CONTAÇÃO/LEITURA PARA QUE TODOS CONHEÇAM AS LENDAS CRIADAS.

**4** DEPOIS, MONTEM UM LIVRETO COM TODAS AS LENDAS DA TURMA E ELABOREM A CAPA E O SUMÁRIO.

**5** POR FIM, DIVULGUEM O LIVRETO NA BIBLIOTECA DA ESCOLA, ASSIM OUTROS ALUNOS PODERÃO CONHECÊ-LO.

# 6 FÁBULA

## LEITURA 1

VOCÊ CONHECE ALGUMA **FÁBULA**? QUAL? E JÁ OUVIU FALAR EM "MORAL DA HISTÓRIA"?

ACOMPANHE A LEITURA QUE O PROFESSOR VAI FAZER DE UMA FÁBULA CONHECIDA NO MUNDO INTEIRO.

### O LEÃO E O RATINHO

O REI DAS SELVAS DORMIA SOB A SOMBRA DE UM CARVALHO. APROVEITANDO A OCASIÃO, UM BANDO DE RATOS RESOLVEU PASSAR POR CIMA DELE PARA ENCURTAR O CAMINHO.

— VAMOS, VAMOS, NÃO HÁ TEMPO A PERDER – DISSE O LÍDER DO BANDO.

QUANDO FALTAVA APENAS UM RATO PASSAR, O LEÃO ACORDOU E PRENDEU-O DEBAIXO DE SUA PATA.

— POR FAVOR, MAJESTADE DAS SELVAS, NÃO ME ESMAGUE! – IMPLOROU O RATINHO.

— E VOCÊ TEM ALGUMA BOA RAZÃO PARA QUE EU NÃO FAÇA ISSO?

— BEM... TALVEZ UM DIA EU POSSA AJUDÁ-LO! – DISSE O RATINHO.

O LEÃO DEU UMA SONORA GARGALHADA:

— VOCÊ? MINÚSCULO DESSE JEITO? ESSA É BOA!

— POR FAVOR, POR FAVOR, POR FAVOR, NÃO ME ESMAGUE! – INSISTIU O RATINHO.

DIANTE DE TAMANHA INSISTÊNCIA, O LEÃO, QUE ESTAVA MESMO COM O ESTÔMAGO CHEIO, DEIXOU QUE O RATINHO SE FOSSE.

ALGUNS DIAS DEPOIS, O LEÃO FICOU PRESO NUMA REDE DEIXADA NA FLORESTA POR ALGUNS CAÇADORES. FEZ DE TUDO PARA SE SOLTAR, MAS NÃO CONSEGUIU. SEUS URROS DE RAIVA FIZERAM A TERRA TREMER. AO OUVI-LOS, O RATINHO VEIO EM SEU SOCORRO. COM SEUS DENTES PEQUENINOS E AFIADOS, ROEU AS CORDAS DA REDE E SOLTOU O LEÃO.

UMA BOA AÇÃO GANHA OUTRA.

PEQUENOS AMIGOS PODEM SER GRANDES AMIGOS.

**FÁBULAS DE ESOPO**, DE JEAN DE LA FONTAINE. ADAPTAÇÃO DE LÚCIA TULCHINSKI. SÃO PAULO: SCIPIONE, 2010.

## POR DENTRO DO TEXTO

**1** QUAIS SÃO OS PERSONAGENS DA FÁBULA?

.................................................................................................................

> **FÁBULA** É UMA HISTÓRIA CURTA EM QUE OS PERSONAGENS SÃO, GERALMENTE, ANIMAIS QUE SE COMPORTAM COMO SERES HUMANOS.
>
> AO FINAL DA HISTÓRIA, AS FÁBULAS COSTUMAM APRESENTAR UM ENSINAMENTO CONHECIDO COMO "MORAL DA HISTÓRIA".

**2** NUMERE OS FATOS NA ORDEM EM QUE APARECEM NO TEXTO.

☐ O RATINHO PEDIU AO LEÃO QUE NÃO FIZESSE NADA COM ELE.

☐ O LEÃO SOLTOU O RATINHO.

☐ O LEÃO ACORDOU E PRENDEU O RATINHO.

**3** RELACIONE AS COLUNAS PARA INDICAR A QUEM PERTENCE CADA UMA DAS FALAS.

| 1 | O REI DAS SELVAS DORMIA SOB A SOMBRA DE UM CARVALHO. |
| 2 | POR FAVOR, MAJESTADE DAS SELVAS, NÃO ME ESMAGUE! |
| 3 | E VOCÊ TEM UMA BOA RAZÃO PARA QUE EU NÃO FAÇA ISSO? |

☐ RATINHO

☐ LEÃO

☐ NARRADOR

**4** A MORAL DA HISTÓRIA "UMA BOA AÇÃO GANHA OUTRA" ENSINA QUE:

☐ VOCÊ NÃO DEVE AJUDAR AS PESSOAS.

☐ VOCÊ DEVE AJUDAR AS PESSOAS. UM DIA VOCÊ TAMBÉM PODERÁ PRECISAR DE AJUDA.

**PRODUÇÃO RELÂMPAGO** — **DESENHO: AGRADECIMENTO AO RATINHO**

**1** RELEIA O TRECHO FINAL DA FÁBULA.

SEUS URROS DE RAIVA FIZERAM A TERRA TREMER. AO OUVI-LOS, O RATINHO VEIO EM SEU SOCORRO. COM SEUS DENTES PEQUENOS E AFIADOS, ROEU AS CORDAS DA REDE E SOLTOU O LEÃO.

- DESENHE ESSA CENA NO ESPAÇO ABAIXO.

**2** IMAGINE O QUE O LEÃO DISSE AO RATINHO DEPOIS DE TER SIDO SALVO POR ELE. ESCREVA UMA FALA PARA O LEÃO NAS LINHAS ABAIXO.

- COMPARTILHE COM OS COLEGAS A FALA QUE VOCÊ IMAGINOU.

## LEITURA 2

AGORA VOCÊ VAI CONHECER UMA OUTRA FÁBULA. LEIA O TÍTULO PARA DESCOBRIR QUEM SÃO OS PERSONAGENS DESSA HISTÓRIA. ACOMPANHE A LEITURA DO PROFESSOR.

**A LEBRE E A TARTARUGA**

A LEBRE VIVIA A SE GABAR DE QUE ERA O MAIS VELOZ DE TODOS OS ANIMAIS. ATÉ O DIA EM QUE ENCONTROU A TARTARUGA.

— EU TENHO CERTEZA DE QUE, SE APOSTARMOS UMA CORRIDA, SEREI A VENCEDORA – DESAFIOU A TARTARUGA.

A LEBRE CAIU NA GARGALHADA.

— UMA CORRIDA? EU E VOCÊ? ESSA É BOA!

— POR ACASO VOCÊ ESTÁ COM MEDO DE PERDER? – PERGUNTOU A TARTARUGA.

— É MAIS FÁCIL UM LEÃO CACAREJAR DO QUE EU PERDER UMA CORRIDA PARA VOCÊ – RESPONDEU A LEBRE.

NO DIA SEGUINTE A RAPOSA FOI ESCOLHIDA PARA SER A JUÍZA DA PROVA. BASTOU DAR O SINAL DA LARGADA PARA A LEBRE DISPARAR NA FRENTE A TODA VELOCIDADE. A TARTARUGA NÃO SE ABALOU E CONTINUOU NA DISPUTA. A LEBRE ESTAVA TÃO CERTA DA VITÓRIA QUE RESOLVEU TIRAR UMA SONECA.

"SE AQUELA MOLENGA PASSAR NA MINHA FRENTE, É SÓ EU CORRER UM POUCO QUE EU A ULTRAPASSO" – PENSOU.

A LEBRE DORMIU TANTO QUE NÃO PERCEBEU QUANDO A TARTARUGA, EM SUA MARCHA VAGAROSA E CONSTANTE, PASSOU. QUANDO ACORDOU, CONTINUOU A CORRER COM ARES DE VENCEDORA. MAS, PARA SUA SURPRESA, A TARTARUGA, QUE NÃO DESCANSARA UM SÓ MINUTO, CRUZOU A LINHA DE CHEGADA EM PRIMEIRO LUGAR.

DESSE DIA EM DIANTE, A LEBRE TORNOU-SE ALVO DAS CHACOTAS DA FLORESTA.

QUANDO DIZIA QUE ERA O ANIMAL MAIS VELOZ, TODOS LEMBRAVAM-NA DE UMA CERTA TARTARUGA...

QUEM SEGUE DEVAGAR E COM CONSTÂNCIA SEMPRE CHEGA NA FRENTE.

FÁBULAS DE ESOPO, DE JEAN DE LA FONTAINE. ADAPTAÇÃO DE LÚCIA TULCHINSKI. SÃO PAULO: SCIPIONE, 2004.

## POR DENTRO DO TEXTO

**1** QUEM SÃO OS PERSONAGENS DA FÁBULA **A LEBRE E A TARTARUGA**?

.................................................................................................................................

**2** NA FÁBULA, HÁ UM ANIMAL QUE APARECE, MAS NÃO PARTICIPA DOS DIÁLOGOS. QUE ANIMAL É ESSE?

.................................................................................................................................

**3** RELEIA ESTE TRECHO DO TEXTO.

— EU TENHO CERTEZA DE QUE, SE APOSTARMOS UMA CORRIDA, SEREI A VENCEDORA – DESAFIOU A TARTARUGA.

**A)** AO FALAR DESSA FORMA, A TARTARUGA DEMONSTROU SER:

☐ VALENTE.  ☐ MEDROSA.

**B)** VOCÊ DARIA APOIO À TARTARUGA? CONVERSE COM OS COLEGAS E O PROFESSOR SOBRE SUA OPINIÃO.

**4** A LEBRE TINHA TANTA CERTEZA DE QUE IRIA VENCER, QUE RESOLVEU TIRAR UMA SONECA. ESCREVA ABAIXO O QUE VOCÊ DIRIA À LEBRE SE A VISSE DORMINDO DURANTE A CORRIDA.

.................................................................................................................................

.................................................................................................................................

**5** RELEIA ESTE OUTRO TRECHO DA FÁBULA.

QUANDO DIZIA QUE ERA O ANIMAL MAIS VELOZ, TODOS LEMBRAVAM-NA DE UMA CERTA TARTARUGA...

- VOCÊ ACHA QUE A LEBRE APRENDEU A LIÇÃO? CONVERSE COM OS COLEGAS E O PROFESSOR SOBRE SUA OPINIÃO.

**6** IDENTIFIQUE E SUBLINHE NO TEXTO A MORAL DA FÁBULA.

# VOCÊ EM AÇÃO

## CRIAÇÃO DE FÁBULA

AGORA, VOCÊ VAI SE REUNIR COM UM COLEGA PARA ESCREVER UMA FÁBULA, INSPIRADA EM **O LEÃO E O RATINHO**.

> **OBJETIVOS DA PRODUÇÃO**: CRIAR UMA FÁBULA E FAZER UMA RODA DE LEITURA. POR FIM, CONFECCIONAR UM LIVRETO DE FÁBULAS DA TURMA.
>
> **PÚBLICO-ALVO**: COLEGAS DA CLASSE E LEITORES DA BIBLIOTECA.

### PLANEJANDO SUAS IDEIAS

**1** RELEIAM A FÁBULA E IMAGINEM QUE OUTROS ANIMAIS PODERIAM VIVER SITUAÇÕES SEMELHANTES, ISTO É, UM ANIMAL PEQUENO E FRÁGIL AJUDAR OUTRO GRANDE E FORTE.

**2** PARA AJUDÁ-LOS A TER IDEIAS, CONVERSE COM O COLEGA SOBRE AS SEGUINTES QUESTÕES:

- QUE ANIMAIS SERÃO PERSONAGENS DA FÁBULA?
- QUAL DOS DOIS ESTÁ EM APUROS? POR QUE ELE ESTÁ CORRENDO PERIGO?
- O QUE O OUTRO VAI FAZER PARA AJUDÁ-LO?
- DIAS DEPOIS, OS DOIS ANIMAIS VOLTAM A SE ENCONTRAR. DESTA VEZ O ANIMAL QUE AJUDOU ESTÁ EM APUROS. POR QUE ELE ESTÁ CORRENDO PERIGO? O QUE ACONTECEU COM ELE? COMO O OUTRO O AJUDARÁ?

### RASCUNHO

**1** ESCREVAM O RASCUNHO DA FÁBULA EM UMA FOLHA AVULSA.

**2** LEMBREM-SE: UM DOS PERSONAGENS DEVE SER UM ANIMAL PEQUENO E FRÁGIL E, O OUTRO, UM ANIMAL GRANDE E FORTE.

**3** DEEM UM TÍTULO PARA A FÁBULA COM O NOME DOS PERSONAGENS.

**4** A "MORAL DA HISTÓRIA" DEVE SER A MESMA DA FÁBULA **O LEÃO E O RATINHO**.

## REVISANDO SUAS IDEIAS

TROQUEM A FÁBULA COM A DE OUTRA DUPLA. UMA DEVE LER O TEXTO DA OUTRA, SEGUINDO O QUADRO ABAIXO.

| | SIM | NÃO |
|---|---|---|
| OS PERSONAGENS DA FÁBULA SÃO ANIMAIS QUE AGEM COMO PESSOAS? | | |
| OS PERSONAGENS SÃO UM ANIMAL PEQUENO E FRACO E OUTRO GRANDE E FORTE? ELES AJUDAM UM AO OUTRO? | | |
| AS PALAVRAS FORAM ESCRITAS CORRETAMENTE? OS SINAIS DE PONTUAÇÃO FORAM USADOS ADEQUADAMENTE? | | |
| A MORAL DA HISTÓRIA É A MESMA DA FÁBULA **O LEÃO E O RATINHO**? | | |
| A FÁBULA FICOU INTERESSANTE? VAI PRENDER A ATENÇÃO DO LEITOR? | | |

## TEXTO FINAL

**1** APÓS A REVISÃO DOS COLEGAS, FAÇAM AS ALTERAÇÕES NECESSÁRIAS E TIREM SUAS DÚVIDAS COM O PROFESSOR PARA MELHORAR O TEXTO. ESCREVAM A VERSÃO FINAL NA FOLHA DO **MATERIAL DE APOIO** E FAÇAM UMA ILUSTRAÇÃO.

**2** ENTREGUEM A FÁBULA AO PROFESSOR, QUE VAI ORGANIZAR A LEITURA DOS TEXTOS EM UMA **RODA DE LEITURA**, PARA QUE TODA A TURMA POSSA CONHECER TODAS AS PRODUÇÕES.

**3** COM A AJUDA DO PROFESSOR, REÚNAM OS TEXTOS PARA MONTAR UM LIVRETO DE FÁBULAS DA TURMA E ELABOREM A CAPA E O SUMÁRIO.

**4** POR FIM, DIVULGUEM O LIVRETO NA BIBLIOTECA PARA QUE OUTROS ALUNOS POSSAM CONHECÊ-LO.

# EXPLORANDO O TEMA...

## QUEREMOS RESPEITO!

VOCÊ JÁ OUVIU FALAR SOBRE **BULLYING**? SABE O QUE É?

A PALAVRA **BULLY** VEM DO INGLÊS E SIGNIFICA "VALENTÃO OU BRIGÃO". QUANDO ALGUÉM INSULTA OU AGRIDE OUTRA PESSOA REPETIDAMENTE, ESTÁ PRATICANDO *BULLYING*.

VEJA A SEGUIR A REPRODUÇÃO DA CAPA E DE DUAS PÁGINAS DE UMA CARTILHA ELABORADA PARA ORIENTAR AS PESSOAS A IDENTIFICAR E COMBATER A PRÁTICA DE *BULLYING* NAS ESCOLAS.

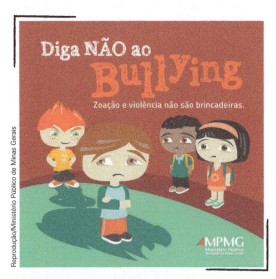

**DIGA NÃO AO *BULLYING***: ZOAÇÃO E VIOLÊNCIA NÃO SÃO BRINCADEIRAS. MINISTÉRIO PÚBLICO DO ESTADO DE MINAS GERAIS. DISPONÍVEL EM: <https://www.mpmg.mp.br/comunicacao/producao-editorial/diga-nao-ao-bullying.htm#.XXkV2ShKjIU>. ACESSO EM: 11 SET. 2019.

**Fim de uma história que nunca deveria ter começado.**

Se você pratica *bullying* contra alguém, pare agora. Não tem a menor graça. Se você é vítima ou testemunha, saiba que não tem de enfrentar isso sozinho. Seus pais, seus professores e muitos adultos estão se esforçando para acabar com o *bullying*. Mas, para isso, você tem que contar a alguém, pois o seu silêncio dá força ao agressor.

**Conte aos seus pais e professores ou denuncie ao Ministério Público.**

Ligue **127** ou procure a Promotoria de Justiça da sua cidade.

## REFLETINDO SOBRE O TEMA

**1** DESCREVA A CENA ILUSTRADA NA CAPA DA CARTILHA E COMENTE COMO AS CRIANÇAS PARECEM ESTAR SE SENTINDO.

**2** QUE SENTIMENTOS A CENA DA CAPA PROVOCA EM VOCÊ?

**3** COMO O *BULLYING* ACONTECE NA CENA DA OUTRA PÁGINA DA CARTILHA?

    **A)** COMO AS CRIANÇAS QUE OBSERVAM PODERIAM AJUDAR?

    **B)** QUAIS SÃO AS ORIENTAÇÕES DO TEXTO PARA COMBATER O *BULLYING*?

**4** NA REGIÃO EM QUE VOCÊ VIVE, HÁ ALGUM SERVIÇO DE PROTEÇÃO À VÍTIMA DE *BULLYING*?

## AMPLIANDO E MOBILIZANDO IDEIAS

**1** VOCÊ E SUA TURMA VÃO PRODUZIR UM CARTAZ COM DICAS PARA AJUDAR VÍTIMAS DE *BULLYING* E TESTEMUNHAS A COMBATER ESSE PROBLEMA. PARA ISSO, REFLITAM SOBRE AS SEGUINTES QUESTÕES:

- COMO AS VÍTIMAS DE *BULLYING* DEVEM AGIR EM CASO DE AGRESSÃO OU OFENSA? QUEM ELAS DEVEM PROCURAR?

- QUAIS PRÁTICAS PODEM SER LISTADAS PARA QUE AS VÍTIMAS RECONHEÇAM QUE ESTÃO SOFRENDO *BULLYING*?

**2** ANOTEM AS IDEIAS NO CADERNO PARA SOCIALIZÁ-LAS COM OS OUTROS GRUPOS.

**3** O PROFESSOR VAI ANOTAR NA LOUSA AS DICAS ELABORADAS PELA TURMA E, DEPOIS, VAI DIGITAR NO COMPUTADOR O TEXTO FINAL.

**4** ILUSTREM O CARTAZ E ESCOLHAM UM LOCAL DA ESCOLA PARA AFIXÁ-LO. COMPARTILHEM TAMBÉM NO *SITE* OU BLOGUE DA ESCOLA.

# UNIDADE 3
## CUIDANDO DO NOSSO BEM-ESTAR

**ENTRE NESTA RODA**

- O QUE SE PASSA NA CENA?
- COM QUAL PARTE DESTA CENA VOCÊ SE IDENTIFICA?
- HÁ NA CENA ALGUMA PRÁTICA QUE PODE AJUDAR A MANTER NOSSO BEM-ESTAR?
- VOCÊ IDENTIFICA NA CENA ALGUMA PRÁTICA QUE PODE SER PREJUDICIAL À SAÚDE? POR QUE ELA SERIA PREJUDICIAL?
- QUE OUTRAS ATIVIDADES PODEM NOS GARANTIR BEM-ESTAR?

# 7 TIRA OU TIRINHA

## LEITURA 1

VOCÊ CONHECE A MAGALI? JÁ LEU ALGUMA HISTÓRIA COM ESSA PERSONAGEM?

COMO TODA CRIANÇA, ELA GOSTA MUITO DE BRINCAR COM OS AMIGOS, MAS, NA HORA DAS REFEIÇÕES, NADA DE BRINCADEIRA!

LEIA A TIRA ABAIXO E DESCUBRA QUANTO A MAGALI LEVA AS REFEIÇÕES A SÉRIO.

**MAGALI**, DE MAURICIO DE SOUSA. DISPONÍVEL EM: <http://turmadamonica.uol.com.br/quadrinhos/?tg_personagem=magali&tg_quadrinho=tirinhas>. ACESSO EM: 3 SET. 2019.

### QUEM É?

**MAURICIO DE SOUSA** NASCEU EM SANTA ISABEL, NO ESTADO DE SÃO PAULO, EM 1935. É CRIADOR DE DIVERSOS PERSONAGENS DE HISTÓRIAS EM QUADRINHOS, MAS SEU GRANDE SUCESSO É A TURMA DA MÔNICA, GRUPO DE PERSONAGENS QUE VIVE MUITAS AVENTURAS NO BAIRRO DO LIMOEIRO.

## POR DENTRO DO TEXTO

**1** O AUTOR DA TIRA, MAURICIO DE SOUSA, COSTUMA DEIXAR SUA ASSINATURA EM UM DOS QUADRINHOS. NA TIRA QUE VOCÊ LEU, EM QUAL QUADRINHO A ASSINATURA APARECE?

☐ 1º QUADRINHO   ☐ 2º QUADRINHO   ☐ 3º QUADRINHO

**2** O QUE O CASCÃO E O CEBOLINHA ESTÃO FAZENDO NO PRIMEIRO E NO SEGUNDO QUADRINHOS?

_____

**3** RELEIA ESTE BALÃO E INDIQUE DE QUEM É A FALA.

> CEBOLINHA! O ALMOÇO ESTÁ NA MESA!

☐ DA MÃE DO CASCÃO.   ☐ DA MÃE DO CEBOLINHA.   ☐ DA MÃE DA MAGALI.

• COMENTE COM OS COLEGAS E O PROFESSOR COMO VOCÊ DESCOBRIU ISSO.

**4** RELEIA ESTA OUTRA FALA.

> CASCÃO! O ALMOÇO ESTÁ NA MESA!

**A)** QUE PALAVRA A MÃE DO CASCÃO USA PARA CHAMAR O FILHO PARA COMER?

☐ O NOME DA REFEIÇÃO.   ☐ O NOME DO MENINO.

**B)** O USO DO PONTO DE EXCLAMAÇÃO (!) PODE INDICAR QUE:

☐ A MÃE FALOU COM POUCO ÂNIMO OU EM VOZ BAIXA.

☐ A MÃE FALOU COM ENTUSIASMO OU EM VOZ ALTA.

TIRA OU TIRINHA É UM TEXTO CURTO, COMPOSTO DE ILUSTRAÇÕES, PODENDO APRESENTAR BALÕES PARA INDICAR AS FALAS E OS PENSAMENTOS DOS PERSONAGENS. É ORGANIZADA, GERALMENTE, EM TRÊS OU QUATRO QUADROS, EM UMA ÚNICA TIRA, HORIZONTAL OU VERTICAL. ELA TEM O OBJETIVO DE DIVERTIR E ENTRETER O LEITOR E PODE SER ENCONTRADA EM REVISTAS, JORNAIS E NA INTERNET.

**5** OBSERVE ESTE DETALHE DO PRIMEIRO QUADRINHO.

- O QUE VOCÊ ACHA QUE AS LINHAS CURVAS ACIMA DA MÃO DO CEBOLINHA PODEM REPRESENTAR? CONVERSE COM OS COLEGAS E O PROFESSOR.

**6** RELEIA O ÚLTIMO QUADRINHO:

A) O QUE PODE INDICAR A EXPRESSÃO FACIAL DA MÃE DA MAGALI?

☐ RAIVA    ☐ TRISTEZA    ☐ SURPRESA

B) POR QUE A MAGALI NÃO PRECISOU SER CHAMADA PARA O ALMOÇO COMO O CASCÃO E O CEBOLINHA?

**7** VOCÊ ACHOU A LEITURA DA TIRA:

☐ TRISTE    ☐ DIVERTIDA    ☐ CANSATIVA

**8** ESSA TIRA PODE INTERESSAR:

☐ APENAS ÀS CRIANÇAS.    ☐ A TODAS AS PESSOAS.

☐ APENAS AOS ADULTOS.

# LEITURA 2

AGORA VOCÊ VAI LER OUTRA TIRA. OS PERSONAGENS DELA SÃO SIGMUND, UM CACHORRO GULOSO, E FREUD, UMA RAPOSA MUITO CURIOSA.

VAMOS CONHECER UMA DE SUAS HISTÓRIAS?

**SIGMUND E FREUD**, DE YORHÁN ARAÚJO. DISPONÍVEL EM: <http://saopaulotimes.com.br/sp/alimentacao-mais-saudavel/>. ACESSO EM: 4 SET. 2019.

## QUEM É?

**YORHÁN ARAÚJO** NASCEU EM VOLTA REDONDA, NO ESTADO DO RIO DE JANEIRO. ESTUDOU PUBLICIDADE E SEMPRE GOSTOU DE DESENHAR. É O CRIADOR DAS TIRAS DE SIGMUND E FREUD.

# POR DENTRO DO TEXTO

**1** QUANTOS PERSONAGENS HÁ NA TIRA?

.................................................................................

**2** ONDE AS FALAS DOS PERSONAGENS APARECEM NA TIRA?

.................................................................................

**3** O CENÁRIO É O MESMO EM TODOS OS QUADRINHOS?

.................................................................................

**4** A HISTÓRIA ACONTECE:

☐ DE DIA.    ☐ DE NOITE.

**5** VOCÊ GOSTOU DA HISTÓRIA? ACHOU O FINAL ENGRAÇADO? POR QUÊ?

.................................................................................

.................................................................................

**6** RELEIA ESTE QUADRINHO.

- A FALA E A EXPRESSÃO DO CACHORRO MOSTRAM QUE ELE ESTÁ:

☐ BRAVO.

☐ TRISTE.

**7** QUAL É O CONSELHO DADO PELA RAPOSA NO SEGUNDO QUADRINHO?

☐ QUE O CACHORRO TENHA UMA ALIMENTAÇÃO MAIS SAUDÁVEL.

☐ QUE SEU AMIGO NÃO COMA BATATAS FRITAS.

**8** OBSERVE AS EXPRESSÕES FACIAIS DO CACHORRO NOS TRÊS QUADRINHOS.

**A)** AS EXPRESSÕES FACIAIS SE MODIFICAM DE UM QUADRINHO PARA O OUTRO?

**B)** O QUE REVELAM AS EXPRESSÕES FACIAIS DO CACHORRO? CONVERSE COM OS COLEGAS E O PROFESSOR.

**9** RELEIA ESTA FALA DO CACHORRO.

- COMO VOCÊ RESPONDERIA A ESSA PERGUNTA?

☐ SIM

☐ NÃO

**10** VOCÊ ACHA QUE O CACHORRO ENTENDEU O CONSELHO DA RAPOSA? POR QUÊ? CONVERSE COM OS COLEGAS E O PROFESSOR.

**11** COMO VOCÊ ACHA QUE É A ALIMENTAÇÃO DO CACHORRO? CONVERSE COM OS COLEGAS E O PROFESSOR.

**PRODUÇÃO RELÂMPAGO** → **A RESPOSTA DA RAPOSA FREUD**

**1** LEIA O ÚLTIMO QUADRINHO DA TIRA NOVAMENTE.

- COMO VOCÊ ACHA QUE A RAPOSA FREUD REAGIU À PERGUNTA DE SEU AMIGO SIGMUND? O QUE VOCÊ ACHA QUE ELA RESPONDEU?

  CRIE UMA RESPOSTA CRIATIVA E ESCREVA-A NO BALÃO A SEGUIR.

**2** COMPARTILHE SUA PRODUÇÃO COM OS COLEGAS E CONVERSE COM O PROFESSOR SOBRE AS RESPOSTAS.

# VOCÊ EM AÇÃO

## TIRA

AGORA É A VEZ DE VOCÊ E UM COLEGA PRODUZIREM UMA TIRA INSPIRADA NA DE SIGMUND E FREUD. PARA ISSO, SIGAM AS INSTRUÇÕES ABAIXO E OUÇAM COM ATENÇÃO AS ORIENTAÇÕES DO PROFESSOR.

**OBJETIVO DA PRODUÇÃO:** CRIAR, COM UM COLEGA, UMA TIRA PARA COMPOR UMA EXPOSIÇÃO E, DEPOIS, SER COMPARTILHADA NO BLOGUE DA ESCOLA.

**PÚBLICO-ALVO:** COLEGAS DA CLASSE, ALUNOS E PROFESSORES DA ESCOLA, AMIGOS, FAMILIARES E COMUNIDADE ESCOLAR.

## PLANEJANDO SUAS IDEIAS

A TIRA QUE VOCÊS VÃO PRODUZIR DEVE TER DOIS PERSONAGENS QUE CONVERSAM SOBRE ALIMENTAÇÃO SAUDÁVEL. PENSEM SOBRE O QUE VAI ACONTECER EM CADA QUADRINHO. PARA AJUDÁ-LOS, RESPONDAM ÀS QUESTÕES A SEGUIR.

### 1º QUADRINHO:

- QUEM SERÃO OS PERSONAGENS E QUAL SERÁ O NOME DELES?
- EM QUE LUGAR ELES ESTARÃO? EM CASA? NA COZINHA? NO QUARTO? NA ESCOLA? EM UMA LANCHONETE?
- O QUE ESTARÃO FAZENDO?

### 2º QUADRINHO:

- SOBRE O QUE ELES ESTARÃO CONVERSANDO?
- SERÁ QUE SABEM COMO TER UMA ALIMENTAÇÃO SAUDÁVEL?
- ALGUM DELES COME MUITA GULOSEIMA E PRECISA DE AJUDA PARA MELHORAR A ALIMENTAÇÃO?

### 3º QUADRINHO:

- COMO ESSA HISTÓRIA PODERÁ TERMINAR?
- O FINAL SERÁ DIVERTIDO?

## RASCUNHO

SIGAM AS ORIENTAÇÕES ABAIXO PARA FAZER O RASCUNHO DA TIRA.

- DESENHEM AS CENAS NOS QUADROS ABAIXO CONFORME O QUE DECIDIRAM NO PLANEJAMENTO.
- AO DESENHAR, FIQUEM ATENTOS ÀS EXPRESSÕES DOS PERSONAGENS, ÀS CORES, ÀS LINHAS QUE INDICAM MOVIMENTO, ETC.
- DESENHEM OS BALÕES E INSIRAM NELES AS FALAS.

## REVISANDO SUAS IDEIAS

**1** TROQUEM A TIRA COM A DE OUTRA DUPLA E FAÇAM A AVALIAÇÃO, SEGUINDO O QUADRO ABAIXO.

|  | SIM | NÃO |
|---|---|---|
| FORAM FEITAS ILUSTRAÇÕES NOS QUADRINHOS? | | |
| AS FALAS ESTÃO DENTRO DE BALÕES? | | |
| A HISTÓRIA DA TIRA É SOBRE ALIMENTAÇÃO SAUDÁVEL? | | |
| A TIRA É DIVERTIDA? | | |
| AS PALAVRAS ESTÃO ESCRITAS CORRETAMENTE? OS SINAIS DE PONTUAÇÃO FORAM USADOS? | | |

**2** PEÇAM AO PROFESSOR QUE LEIA A TIRA E OS ORIENTE EM COMO MELHORÁ-LA.

## TEXTO FINAL

**1** EM UMA FOLHA À PARTE, REFAÇAM A TIRA COM AS MODIFICAÇÕES NECESSÁRIAS.

**2** SE QUISEREM PODEM DAR UM TÍTULO A ELA. INSIRAM A ASSINATURA DE VOCÊS EM UM CANTINHO DO TERCEIRO QUADRINHO.

**3** COM TUDO PRONTO, ENTREGUEM A TIRA AO PROFESSOR, QUE VAI REUNI-LAS PARA ORGANIZAR A EXPOSIÇÃO EM SALA DE AULA OU EM OUTRO LOCAL DA ESCOLA. ASSIM, TODOS PODERÃO LER E SE DIVERTIR COM AS HISTORINHAS PRODUZIDAS PELA TURMA.

# 8 RECEITA

## LEITURA 1

LUGAR DE CRIANÇA TAMBÉM É NA COZINHA? VOCÊ JÁ SE AVENTUROU A COZINHAR? SABE FAZER UMA COMIDA GOSTOSA?

SABE QUE TEXTO COSTUMAMOS CONSULTAR QUANDO VAMOS COZINHAR?

LEIA A RECEITA A SEGUIR.

https://incrivel.club/inspiracao-criancas/6-receitas-faceis-para-preparar-com-as-criancas-35355/

### PUDIM DE BANANA E CHOCOLATE

**INGREDIENTES:**

- 3 BANANAS
- 4 COLHERES DE CREME DE LEITE
- 250 g DE CREME DE CHOCOLATE

**PREPARO:**

- DESCASQUE AS BANANAS E, EM UM RECIPIENTE, TRITURE-AS COM UM GARFO.
- MISTURE O CREME DE LEITE COM O CREME DE CHOCOLATE.
- ADICIONE O "PURÊ" DE BANANA À MISTURA DE CHOCOLATE.
- LEVE À GELADEIRA POR UMA HORA E DEPOIS APROVEITE COM AS CRIANÇAS ESTA SIMPLES DELÍCIA.

**TRITURE:** DO VERBO "TRITURAR": TRANSFORMAR EM UMA MASSA.

INCRÍVEL.CLUB. DISPONÍVEL EM: <https://incrivel.club/inspiracao-criancas/6-receitas-faceis-para-preparar-com-as-criancas-35355/>. ACESSO EM: 20 SET. 2019.

# POR DENTRO DO TEXTO

**1** A RECEITA APRESENTA DUAS PARTES. QUE PARTES SÃO ESSAS?

.......................................................................................................................

**2** QUAIS SÃO OS INGREDIENTES PARA O PREPARO DA RECEITA?

.......................................................................................................................

.......................................................................................................................

.......................................................................................................................

**3** NA SEGUNDA PARTE DA RECEITA, ESTÃO LISTADAS AS INSTRUÇÕES PARA O PREPARO DO PUDIM. NUMERE AS INSTRUÇÕES ABAIXO DE ACORDO COM A ORDEM EM QUE APARECEM NA RECEITA.

☐ LEVE À GELADEIRA.

☐ MISTURE O CREME DE LEITE COM O CREME DE CHOCOLATE.

☐ DESCASQUE E TRITURE AS BANANAS.

☐ ADICIONE O "PURÊ" DE BANANA À MISTURA DE CHOCOLATE.

> **RECEITA** É UM TEXTO QUE ENSINA COMO PREPARAR UM ALIMENTO. GERALMENTE, A RECEITA É ORGANIZADA EM DUAS PARTES: OS INGREDIENTES E O MODO DE FAZER.

**4** RELEIA ESTA ETAPA DA RECEITA.

LEVE À GELADEIRA POR UMA HORA E DEPOIS APROVEITE COM AS CRIANÇAS ESTA SIMPLES DELÍCIA.

- POR QUE A RECEITA PODE SER CONSIDERADA "SIMPLES DELÍCIA"? CONVERSE COM OS COLEGAS E O PROFESSOR.

## LEITURA 2

AGORA, VAMOS VER QUEM RESISTE A ESTA DELÍCIA DE RECEITA!

**EIS AQUI A RECEITA DO BOLO DE CHOCOLATE DA VOVÓ!**

VOCÊ VAI PRECISAR DE CERCA DE DUAS HORAS E DA AJUDA DE UM ADULTO. COMECE PROCURANDO TODOS ESTES INGREDIENTES NA COZINHA:

**INGREDIENTES PARA A MASSA**

2 XÍCARAS DE AÇÚCAR

2 OU 3 OVOS

2 XÍCARAS DE FARINHA DE TRIGO COM FERMENTO

1 COLHER DE SOPA DE FERMENTO EM PÓ

1 XÍCARA DE CHOCOLATE EM PÓ

UM POUCO MAIS DE 1/2 XÍCARA DE MANTEIGA

1 XÍCARA DE ÁGUA FERVENDO

**INGREDIENTES PARA A COBERTURA**

3 COLHERES DE SOPA DE AÇÚCAR DE CONFEITEIRO

3 COLHERES DE SOPA DE MANTEIGA

3 COLHERES DE SOPA DE LEITE

1/2 XÍCARA DE CHOCOLATE EM PÓ

Ilustrações: Ilustra Cartoon/ Arquivo da editora

1.

PEÇA A UM ADULTO QUE ACENDA O FORNO À TEMPERATURA DE 200 °C. PENEIRE A FARINHA DE TRIGO E O CHOCOLATE EM PÓ E COLOQUE-OS EM UMA TIGELA. MISTURE-OS COM UMA COLHER DE MADEIRA.

2.

3.

QUEBRE OS OVOS COM CUIDADO NA TIGELA E MISTURE-OS TAMBÉM. CONTINUE MEXENDO ATÉ QUE A MASSA FIQUE CLARA. ACRESCENTE A MANTEIGA, O FERMENTO E, POR ÚLTIMO, A ÁGUA FERVENDO. MEXA ATÉ QUE A MASSA ESTEJA BEM LISA E BRILHANTE!

4.

POR ÚLTIMO

5.

UNTE UMA FÔRMA DE 20 cm ESPALHANDO UMA PEQUENA QUANTIDADE DE MANTEIGA POR TODO O SEU INTERIOR. COLOQUE A MISTURA DENTRO DA FÔRMA. **PEÇA A UM ADULTO PARA COLOCÁ-LA NO FORNO, E DEPOIS PARA TIRÁ-LA**. LEVA CERCA DE 45 MINUTOS PARA ASSAR.

PARA FAZER A COBERTURA, BASTA COLOCAR TODOS OS INGREDIENTES NUMA PANELA E LEVAR AO FOGO ATÉ COMEÇAR A ENGROSSAR. ESPALHE A COBERTURA SOBRE O BOLO FRIO COM UMA ESPÁTULA.

6.

**VAMOS FAZER UM BOLO?**, DE RUTH WALTON. SÃO PAULO: MODERNA, 2012.

# POR DENTRO DO TEXTO

**1** ANTES DE LISTAR OS INGREDIENTES, QUE INFORMAÇÕES SÃO DADAS AO LEITOR? CONTORNE-AS NO TEXTO.

**2** QUE INGREDIENTE ABAIXO NÃO ENTRA NA PREPARAÇÃO DO BOLO DE CHOCOLATE DA VOVÓ?

☐ OVOS  ☐ CHOCOLATE EM PÓ

☐ FARINHA  ☐ MEL

**3** PREENCHA OS ESPAÇOS COM A INSTRUÇÃO CORRETA.

............................. A FARINHA DE TRIGO E O CHOCOLATE EM PÓ.

............................. OS OVOS COM CUIDADO.

............................. ATÉ QUE A MASSA ESTEJA BEM LISA E BRILHANTE!

............................. A COBERTURA SOBRE O BOLO FRIO.

**4** NA PARTE DE PREPARAÇÃO DO BOLO, HÁ UM TRECHO DESTACADO, ESCRITO EM **NEGRITO**. EM SUA OPINIÃO, POR QUE HÁ DESTAQUE NESSE TRECHO?

**5** ESCREVA ABAIXO DE CADA IMAGEM A INSTRUÇÃO CORRESPONDENTE.

**6** DAS DUAS RECEITAS QUE VOCÊ LEU NESTE CAPÍTULO, DE QUAL VOCÊ GOSTOU MAIS? POR QUÊ?

## PRODUÇÃO RELÂMPAGO

## ESPETINHO DE FRUTAS: COMPLETANDO A RECEITA

OBSERVE A IMAGEM AO LADO. VOCÊ JÁ VIU OU PROVOU UM ESPETINHO DE FRUTAS PARECIDO COM ESTES? O QUE ACHOU?

O TEXTO A SEGUIR É UMA RECEITA DE ESPETINHO DE FRUTAS. VAMOS COMPLETÁ-LA PARA APRENDER COMO FAZER ESSE PETISCO MUITO SAUDÁVEL.

### ESPETINHO DE FRUTAS

**INGREDIENTES**

VOCÊ VAI PRECISAR DE:

- VÁRIOS ............................................................ DE CHURRASCO
- FRUTAS VARIADAS: ........................................................................

**MODO DE FAZER**

............................................. BEM AS FRUTAS E CORTE-AS EM

............................................. PEQUENOS.

............................................. UM PEDAÇO DE CADA

............................................. E VÁ COLOCANDO-OS NOS

............................................. SE QUISER, VOCÊ PODE ESPALHAR

MEL OU IOGURTE SOBRE AS ...................................... .

CASO VOCÊ QUEIRA FAZER ESTA ............................................
EM CASA, PEÇA A AJUDA DE UM ADULTO E TOME MUITO
CUIDADO AO MANUSEAR OS ............................................ .

## VOCÊ EM AÇÃO

## RECEITA

AGORA É A SUA VEZ DE ESCREVER A **RECEITA** DE SEU PRATO PREFERIDO E COMPARTILHAR COM A TURMA.

> **OBJETIVO DA PRODUÇÃO:** PRODUZIR UMA RECEITA DO PRATO PREFERIDO PARA COMPOR O LIVRO **MINHA RECEITA FAVORITA**. DEPOIS, FAZER A GRAVAÇÃO DO ÁUDIO DAS RECEITAS E PUBLICAR NO BLOGUE DA ESCOLA.
>
> **PÚBLICO-ALVO:** COLEGAS DA CLASSE, ALUNOS E PROFESSORES DA ESCOLA E COMUNIDADE ESCOLAR.

## PLANEJANDO SUAS IDEIAS

**1** PENSE EM UMA COMIDA DE QUE VOCÊ GOSTE BASTANTE E SEJA FÁCIL PARA ENSINAR AOS COLEGAS. PODE SER UM DOCE, UM SANDUÍCHE, UMA SALADA... DEPOIS, ANOTE O NOME DA RECEITA ABAIXO.

........................................................................................

**2** EM SEGUIDA, PENSE SOBRE AS SEGUINTES QUESTÕES:

- POR QUE VOCÊ GOSTA TANTO DESSE PRATO?
- ESSE PRATO É SAUDÁVEL?
- COM QUAL FREQUÊNCIA VOCÊ O CONSOME?
- SABE COMO PREPARÁ-LO?
- EM SUA CASA, QUEM COSTUMA PREPARAR ESSE PRATO PARA VOCÊ?

## RASCUNHO

**1** EM CASA, CONVERSE COM UM ADULTO E PERGUNTE COMO ESSE PRATO É FEITO. PEÇA A ELE QUE O AJUDE A FAZER O REGISTRO DA RECEITA.

**2** PRIMEIRO, ESCREVA OS INGREDIENTES. LEMBRE-SE DE QUE VOCÊ JÁ SABE COMO FAZER UMA LISTA. INDIQUE OS INGREDIENTES E AS QUANTIDADES CERTAS DE CADA UM PARA QUE O PRATO POSSA SER PREPARADO POR QUALQUER PESSOA.

### INGREDIENTES

........................................................................................................................................

........................................................................................................................................

........................................................................................................................................

........................................................................................................................................

........................................................................................................................................

**3** DEPOIS, ESCREVA O MODO DE FAZER. USE PALAVRAS E EXPRESSÕES ADEQUADAS, COMO: MISTURE, ACRESCENTE, COLOQUE, RETIRE, BATA NO LIQUIDIFICADOR, CORTE, PENEIRE, UNTE, ESPALHE, ETC.

### MODO DE FAZER

........................................................................................................................................

........................................................................................................................................

........................................................................................................................................

........................................................................................................................................

........................................................................................................................................

........................................................................................................................................

........................................................................................................................................

## REVISANDO SUAS IDEIAS

DEPOIS DE PRODUZIR SUA RECEITA FAVORITA, FAÇA A REVISÃO SEGUINDO O QUADRO ABAIXO.

|  | SIM | NÃO |
|---|---|---|
| RELACIONEI OS INGREDIENTES E AS QUANTIDADES CERTAS? | | |
| REGISTREI O MODO DE PREPARO DA RECEITA? | | |
| ESCREVI AS PALAVRAS CORRETAMENTE? USEI OS SINAIS DE PONTUAÇÃO DE MODO ADEQUADO? | | |

## TEXTO FINAL

1. FAÇA AS CORREÇÕES NECESSÁRIAS NO TEXTO E PASSE SUA RECEITA A LIMPO EM UMA FOLHA À PARTE.

2. DESENHE OU TIRE UMA FOTO DO PRATO JÁ PRONTO OU DE ALGUNS DOS INGREDIENTES UTILIZADOS.

3. NÃO SE ESQUEÇA DE ESCREVER SEU NOME NO FINAL DA RECEITA, ASSIM TODOS SABERÃO QUEM A ESCOLHEU.

4. COM A ORIENTAÇÃO DO PROFESSOR, VOCÊ E OS COLEGAS VÃO ORGANIZAR UM LIVRO COM AS RECEITAS FAVORITAS DA TURMA.

5. SE PREFERIREM, O LIVRO DE RECEITAS PODE SER DIVIDIDO EM RECEITAS DOCES E RECEITAS SALGADAS.

6. COM AUXÍLIO DO PROFESSOR, DECIDAM COMO SERÁ FEITA A CAPA DO LIVRO. VOCÊS PODEM USAR FOTOS DE INGREDIENTES RECORTADAS DE JORNAIS E REVISTAS OU FAZER UM DESENHO.

7. VOCÊS TAMBÉM PODERÃO GRAVAR AS RECEITAS EM ÁUDIO PARA SEREM POSTADAS NO BLOGUE DA ESCOLA.

# 9 TEXTO INFORMATIVO

## LEITURA 1

VOCÊ JÁ PENSOU SOBRE SEUS HÁBITOS ALIMENTARES? VOCÊ ACHA QUE TEM UMA ALIMENTAÇÃO SAUDÁVEL?

LEIA O TEXTO A SEGUIR E DESCUBRA SE VOCÊ TEM AGIDO BEM OU SE PRECISA MELHORAR SEUS HÁBITOS.

**ALIMENTAÇÃO SAUDÁVEL EM 10 LIÇÕES**. MINISTÉRIO DA EDUCAÇÃO. DISPONÍVEL EM: <http://portal.mec.gov.br/component/tags/tag/32057?start=40>. ACESSO EM: 6 SET. 2019.

**ALIMENTOS *IN NATURA*:** SÃO ALIMENTOS OBTIDOS DIRETAMENTE DA NATUREZA. OVOS, CARNES, PEIXES, VERDURAS, FRUTAS E LEGUMES SÃO EXEMPLOS DE ALIMENTOS *IN NATURA*.

**ALIMENTOS INTEGRAIS:** GRÃOS E CEREAIS, COMO O ARROZ, O TRIGO, A AVEIA, QUE NÃO PASSARAM POR NENHUM PROCESSO DE REFINAMENTO E, POR ISSO, POSSUEM MAIS NUTRIENTES.

# SAIBA MAIS

PARA MANTER O BEM-ESTAR DE NOSSO CORPO É PRECISO TER UMA ALIMENTAÇÃO SAUDÁVEL E EQUILIBRADA. ALGUNS ALIMENTOS DEVEM SER CONSUMIDOS EM QUANTIDADE MODERADA, ENQUANTO OUTROS PODEM SER CONSUMIDOS SEM RESTRIÇÃO.

A PIRÂMIDE ALIMENTAR PODE NOS AJUDAR A IDENTIFICAR ESSES ALIMENTOS.

TURMA DA MÔNICA. DISPONÍVEL EM: <http://turmadamonica.uol.com.br/piramidealimentar/>. ACESSO EM: 2 DEZ. 2019. (IMAGEM ADAPTADA.)

OS ALIMENTOS DOS **GRUPOS 1** E **2**, COMO FRUTAS, VERDURAS, LEGUMES E CEREAIS, NOS DÃO ENERGIA E PODEM SER CONSUMIDOS SEM RESTRIÇÕES.

JÁ OS ALIMENTOS DO **GRUPO 3**, COMO CARNES E DERIVADOS DE LEITE, DEVEM SER CONSUMIDOS EM PEQUENAS PORÇÕES.

OS ALIMENTOS DO **GRUPO 4** DEVEM SER CONSUMIDOS COM MUITA MODERAÇÃO. DOCES, BALAS E FRITURAS... SÓ DE VEZ EM QUANDO.

# POR DENTRO DO TEXTO

**1** OBSERVE ESTA ILUSTRAÇÃO DO TEXTO.

- AGORA, RESPONDA:

   **A)** QUAL FORMATO TEM ESSA ILUSTRAÇÃO?

   **B)** QUAIS SÃO AS PALAVRAS QUE FAZEM PARTE DA ILUSTRAÇÃO?

   **C)** QUAL É A MENSAGEM QUE ESSA IMAGEM PODE TRANSMITIR? CONVERSE COM OS COLEGAS E O PROFESSOR.

**2** OBSERVE AS "LIÇÕES" APRESENTADAS NO TEXTO E COMPLETE O QUADRO A SEGUIR.

| JÁ REALIZO | PRECISO MELHORAR |
|---|---|
|  |  |
|  |  |
|  |  |
|  |  |
|  |  |

**3** RELACIONE A IMAGEM À INFORMAÇÃO QUE APARECE NO TEXTO.

BEBA ÁGUA

COMA FRUTAS, VERDURAS E LEGUMES

DIMINUA A QUANTIDADE DE SAL

**4** RELEIA A DICA AO LADO E IDENTIFIQUE PARA QUEM O TEXTO FOI PRODUZIDO. CONVERSE COM OS COLEGAS E O PROFESSOR SOBRE COMO CHEGOU A ESSA RESPOSTA.

Pule, brinque, dance e pratique esportes. Movimente-se!

.................................................................................

.................................................................................

.................................................................................

**5** EM SUA OPINIÃO, COM QUE OBJETIVO ESSE TEXTO FOI PRODUZIDO?

.................................................................................

.................................................................................

> O TEXTO QUE VOCÊ LEU É UM **TEXTO INFORMATIVO**. ELE TRAZ INFORMAÇÕES SOBRE ASSUNTOS DIVERSOS E TEM O OBJETIVO DE DIVULGAR ATITUDES IMPORTANTES. OS TEXTOS INFORMATIVOS GERALMENTE APRESENTAM TEXTO E IMAGENS PARA ATRAIR A ATENÇÃO DOS LEITORES E PODEM SER DIVULGADOS NA INTERNET OU EM LUGARES PÚBLICOS, PARA QUE MUITAS PESSOAS TENHAM ACESSO.

**6** VOCÊ JÁ HAVIA LIDO ALGUM TEXTO PARECIDO COM ESSE? CONVERSE COM OS COLEGAS E O PROFESSOR.

## PRODUÇÃO RELÂMPAGO → CORES E SAÚDE

PARA SABER MAIS SOBRE OS BENEFÍCIOS DE ALGUNS ALIMENTOS, OBSERVE AS IMAGENS ABAIXO E, COM O PROFESSOR, LEIA OS TEXTOS RELACIONANDO AS CORES DOS ALIMENTOS ÀS CORES DOS QUADROS.

AJUDAM A COMBATER O CANSAÇO E NOS DÃO DISPOSIÇÃO E ENERGIA.

PROTEGEM NOSSA VISÃO E PREVINEM MUITAS DOENÇAS.

DEIXAM O CABELO E A PELE MAIS BONITOS.

PROTEGEM O CORAÇÃO.

FORTALECEM OS OSSOS E OS MÚSCULOS.

89

# LEITURA 2

HORA DO LANCHE! QUEM É O RESPONSÁVEL PELA PREPARAÇÃO DE SUA LANCHEIRA? VOCÊ PARTICIPA DESSA PREPARAÇÃO? QUE ALIMENTOS COSTUMAM ESTAR PRESENTES EM SUA MERENDA? LEIA O TEXTO A SEGUIR E DESCUBRA SE SUA LANCHEIRA É SAUDÁVEL.

## Dicas para uma lancheira saudável

- Corte porções pequenas de frutas (dê preferência às frutas da estação);
- Suco natural da fruta, água de coco ou leite com cacau (pode deixar de um dia para o outro em forminhas de gelo no congelador);
- Sanduíches com duas fatias de pão (dê preferência aos pães integrais);
- Em caso de doces, dê preferência ao bolo caseiro, apenas uma fatia;
- **Acondicione** bem os alimentos.

### Evite

- Salgadinhos de pacote;
- Refrigerantes e **isotônicos**;
- Balas, doces e bolos industrializados;
- Frituras;
- Biscoitos doces e salgados.

GOVERNO DO ESTADO DO CEARÁ
Secretaria da Saúde

**DICAS PARA UMA LANCHEIRA SAUDÁVEL.** GOVERNO DO ESTADO DO CEARÁ. SECRETARIA DE SAÚDE. DISPONÍVEL EM: <https://www.ceara.gov.br/2019/08/05/especialistas-destacam-importancia-da-alimentacao-saudavel-na-volta-as-aulas/>. ACESSO EM: 9 SET. 2019.

**ACONDICIONE:** GUARDE, EMBALE, EMPACOTE.
**ISOTÔNICOS:** BEBIDAS UTILIZADAS POR ATLETAS EM TREINOS.

# POR DENTRO DO TEXTO

**1** QUEM PRODUZIU O TEXTO QUE VOCÊ LEU? CONTORNE ESSA INFORMAÇÃO NO TEXTO.

**2** QUEM SÃO OS POSSÍVEIS LEITORES DESSE TEXTO?

......................................................................................................................................

......................................................................................................................................

**3** EM SUA OPINIÃO, A ILUSTRAÇÃO CHAMA A ATENÇÃO DO LEITOR? POR QUÊ?

**4** A ILUSTRAÇÃO TEM RELAÇÃO COM O TEXTO?

**5** RELEIA O TÍTULO DO TEXTO.

**A)** ELE SE DESTACA DAS DEMAIS PARTES?

☐ SIM          ☐ NÃO

**B)** POR QUE O AUTOR ESCOLHEU USAR LETRAS MAIORES E COLORIDAS NESSA PARTE DO TEXTO?

......................................................................................................................................

......................................................................................................................................

**6** CONTORNE NO TEXTO OS ALIMENTOS QUE DEVEM SER EVITADOS.

**7** EM QUE LUGARES AS INFORMAÇÕES DESSE TEXTO PODERIAM SER DIVULGADAS? CONVERSE COM OS COLEGAS E O PROFESSOR.

**8** DE ACORDO COM O TEXTO, QUAL ALIMENTO DEVE SER CONSUMIDO DE FORMA MODERADA?

......................................................................................................................................

**9** EM UMA FOLHA AVULSA, FAÇA UM DESENHO DO QUE MAIS GOSTA DE COMER NA HORA DO LANCHE.

## VOCÊ EM AÇÃO

## FOLHETO INFORMATIVO

NESTA UNIDADE VOCÊ COMPREENDEU A IMPORTÂNCIA DE UMA ALIMENTAÇÃO EQUILIBRADA. MAS SERÁ QUE AS PESSOAS DA COMUNIDADE ESCOLAR SABEM COMO MANTER UMA ALIMENTAÇÃO SAUDÁVEL?

COM AS ORIENTAÇÕES DO PROFESSOR, VOCÊ E SUA TURMA VÃO PRODUZIR UM FOLHETO INFORMATIVO.

**OBJETIVO DA PRODUÇÃO:** PRODUZIR UM FOLHETO INFORMATIVO SOBRE ALIMENTAÇÃO SAUDÁVEL E DIVULGAR PARA A COMUNIDADE ESCOLAR.

**PÚBLICO-ALVO:** COMUNIDADE ESCOLAR.

### PLANEJANDO SUAS IDEIAS

**1** CONVERSE COM OS COLEGAS E O PROFESSOR SOBRE AS SEGUINTES QUESTÕES:
- O QUE APRENDEMOS SOBRE ALIMENTAÇÃO SAUDÁVEL?
- QUAIS INFORMAÇÕES NÃO PODEM FALTAR NO FOLHETO?
- O FOLHETO SERÁ DIRECIONADO A QUAL PÚBLICO?
- ASSINALE ABAIXO OS ASSUNTOS QUE SERÃO ABORDADOS NO FOLHETO.

☐ DICAS DE COMO MONTAR UMA LANCHEIRA SAUDÁVEL.

☐ INFORMAÇÕES SOBRE AS CORES DOS ALIMENTOS E SEUS BENEFÍCIOS.

☐ DICAS PARA UMA ALIMENTAÇÃO SAUDÁVEL EM CASA.

☐ OUTRO ASSUNTO RELACIONADO AO TEMA DA ALIMENTAÇÃO SAUDÁVEL. _____

**2** DEPOIS, COM O PROFESSOR, FAÇAM UMA PESQUISA PARA DESCOBRIR MAIS INFORMAÇÕES.

## RASCUNHO

**1** PARA FAZER O RASCUNHO DO TEXTO, CONVERSEM COM OS COLEGAS E O PROFESSOR SOBRE AS INFORMAÇÕES QUE VOCÊS DESCOBRIRAM NESTA UNIDADE.

**2** ELABOREM DICAS COM FRASES CURTAS E PLANEJEM EM QUE PARTE DO FOLHETO ELAS FICARÃO. O PROFESSOR VAI ESCREVÊ-LAS NA LOUSA.

**3** LEMBREM-SE DE CRIAR UM TÍTULO PARA O FOLHETO E PENSEM EM IMAGENS PARA ILUSTRÁ-LO.

## REVISANDO SUAS IDEIAS

SIGAM O QUADRO E FAÇAM A REVISÃO COLETIVA DO TEXTO.

| | SIM | NÃO |
|---|---|---|
| O TEXTO CONTÉM INFORMAÇÕES IMPORTANTES SOBRE ALIMENTAÇÃO SAUDÁVEL? | | |
| AS PALAVRAS ESTÃO ESCRITAS DE FORMA CORRETA? | | |
| AS DICAS ESTÃO BEM DISTRIBUÍDAS NO FOLHETO? | | |
| O LEITOR VAI COMPREENDER AS ORIENTAÇÕES? | | |
| AS INFORMAÇÕES PODERÃO CONTRIBUIR PARA O LEITOR TER UMA ALIMENTAÇÃO MAIS SAUDÁVEL? | | |

## TEXTO FINAL

**1** APÓS A REVISÃO DO TEXTO, FAÇAM OS AJUSTES NECESSÁRIOS.

**2** PARA PRODUZIR A VERSÃO FINAL DO FOLHETO, O PROFESSOR VAI DIGITAR O TEXTO NO COMPUTADOR.

**3** ESCOLHAM O FORMATO, O TAMANHO E AS CORES DAS LETRAS E OUTROS RECURSOS PARA ATRAIR A ATENÇÃO DOS LEITORES.

**4** ESCOLHAM IMAGENS ADEQUADAS PARA ILUSTRAR O TEXTO.

**5** NA PARTE INFERIOR DO FOLHETO, DEVE ENTRAR O NOME DE VOCÊS.

**6** COM O FOLHETO PRONTO, FAÇAM CÓPIAS E DISTRIBUAM NA ESCOLA.

# UNIDADE 4

## NOSSOS AMIGOS, OS ANIMAIS

### ENTRE NESTA RODA

- DESCREVA A CENA.
- O QUE ACONTECERIA COM OS ANIMAIS DA CENA SE TODAS AS ÁRVORES FOSSEM CORTADAS?
- O QUE SERIA POSSÍVEL FAZER PARA RECUPERAR A ÁREA QUE ESTÁ SENDO DEVASTADA?

### NESTA UNIDADE VAMOS ESTUDAR...

- NOTÍCIA
- FOTO-LEGENDA
- CURIOSIDADE

# 10 NOTÍCIA

## LEITURA 1

COMO VOCÊ SE INFORMA SOBRE O QUE ACONTECE EM SEU BAIRRO, SUA CIDADE, NO PAÍS E NO MUNDO?

OS JORNAIS, AS REVISTAS, O RÁDIO E A INTERNET SÃO MEIOS MUITO EFICAZES QUE USAMOS PARA NOS INFORMAR.

LEIA A NOTÍCIA A SEGUIR, SOBRE O APARECIMENTO DE UM ANIMAL SILVESTRE EM CASAS LOCALIZADAS EM BELÉM, NO PARÁ. QUE ANIMAL SERÁ ESSE?

https://g1.globo.com/pa/para/noticia/mucuras-assustam-moradores-na-epoca-do-inverno-amazonico-em-belem.ghtml

### MUCURAS ASSUSTAM MORADORES NA ÉPOCA DO INVERNO AMAZÔNICO EM BELÉM

POR G1 PA — BELÉM
02/03/2018 07H59 ATUALIZADO HÁ UM ANO

MORADORES ESTÃO ASSUSTADOS COM O APARECIMENTO DE MUCURAS, ESPÉCIE DE GAMBÁ DA AMAZÔNIA, NAS RESIDÊNCIAS NA CIDADE NOVA, CONJUNTO STÉLIO MAROJA, EM ANANINDEUA, REGIÃO METROPOLITANA DE BELÉM.

SEGUNDO O BATALHÃO DE POLÍCIA AMBIENTAL, O APARECIMENTO DE MUCURAS E OUTROS ANIMAIS SILVESTRES É RECORRENTE NO PERÍODO DE INVERNO AMAZÔNICO, QUANDO AS CHUVAS FICAM INTENSAS. A ORIENTAÇÃO É ACIONAR O CENTRO INTEGRADO DE OPERAÇÕES (CIOP).

UM VÍDEO FEITO DE CELULAR MOSTRA UM DESSES ANIMAIS PENDURADO NA GRADE DA JANELA DE UMA CASA.

G1 PA. DISPONÍVEL EM: <https://g1.globo.com/pa/para/noticia/mucuras-assustam-moradores-na-epoca-do-inverno-amazonico-em-belem.ghtml>. ACESSO EM: 17 SET. 2019.

# POR DENTRO DO TEXTO

**1** QUAL É O FATO INFORMADO NA NOTÍCIA?

☐ MUCURAS ASSUSTAM MORADORES.

☐ O INVERNO AMAZÔNICO DE BELÉM.

> **NOTÍCIAS** SÃO TEXTOS QUE RELATAM FATOS E ACONTECIMENTOS E TÊM O OBJETIVO DE INFORMAR AS PESSOAS.
>
> AS NOTÍCIAS SÃO ESCRITAS POR JORNALISTAS E PUBLICADAS EM JORNAIS IMPRESSOS OU *ON-LINE*. OS ASSUNTOS DAS NOTÍCIAS SÃO VARIADOS: SAÚDE, EDUCAÇÃO, POLÍTICA, LAZER, MEIO AMBIENTE, ENTRE OUTROS.

**2** O QUE SÃO MUCURAS?

**3** RELEIA ESTE TRECHO DO TEXTO E CONTORNE A FRASE QUE MOSTRA ONDE AS MUCURAS FORAM VISTAS.

> MORADORES ESTÃO ASSUSTADOS COM O APARECIMENTO DE MUCURAS, ESPÉCIE DE GAMBÁ DA AMAZÔNIA, NAS RESIDÊNCIAS NA CIDADE NOVA [...]

**4** POR QUE AS MUCURAS COSTUMAM APARECER NO INVERNO?

**5** OBSERVE A IMAGEM QUE ACOMPANHA A NOTÍCIA. O QUE A LEGENDA DESSA IMAGEM INFORMA?

**6** NO FINAL DA NOTÍCIA, HÁ UMA ORIENTAÇÃO. QUE ORIENTAÇÃO É ESSA?

- A QUEM É FEITA ESSA ORIENTAÇÃO?

**7** O QUE PODE ACONTECER SE AS MUCURAS NÃO FOREM RESGATADAS E LEVADAS DE VOLTA AO AMBIENTE ONDE VIVEM? CONVERSE COM OS COLEGAS E O PROFESSOR.

VOCÊ JÁ VIU UM PANDA-GIGANTE? SABIA QUE NA CHINA EXISTEM RESERVAS PARA PROTEGER ESSE ANIMAL?

LEIA A SEGUIR UMA NOTÍCIA SOBRE ESSE ANIMAL, CONSIDERADO UM DOS MAIS FOFOS DO MUNDO.

https://www.otempo.com.br/o-tempinho-2/curiosidades/filhotes-de-panda-gigante-sao-mostrados-ao-publico-em-reserva-na-china-1.980411

### FILHOTES DE PANDA-GIGANTE SÃO MOSTRADOS AO PÚBLICO EM RESERVA NA CHINA

OS VISITANTES DO PARQUE PUDERAM APRECIAR OS 14 NOVOS ANIMAIZINHOS DURANTE VISITA NESTA SEGUNDA-FEIRA (23)

PUBLICADO EM 23/09/13 – 12H31
DA REDAÇÃO
OTEMPINHO@OTEMPO.COM.BR

OS VISITANTES DO PARQUE PUDERAM APRECIAR OS 14 NOVOS ANIMAIZINHOS DURANTE VISITA NESTA SEGUNDA-FEIRA (23).

TRATADORES DA BASE DO PANDA-GIGANTE DE CHENGDU, NA CHINA, MOSTRARAM OS FILHOTES DE URSO AO PÚBLICO VISITANTE DA RESERVA, NESTA SEGUNDA-FEIRA (23).

OS 14 NOVOS INTEGRANTES DA FAMÍLIA DE 128 ANIMAIS FORAM DEITADOS JUNTOS EM UM BERÇO NA BASE, PARA SEREM APRECIADOS, SEGUNDO INFORMOU A IMPRENSA LOCAL.

**O TEMPO**. O TEMPINHO. DISPONÍVEL EM: <https://www.otempo.com.br/o-tempinho-2/curiosidades/filhotes-de-panda-gigante-sao-mostrados-ao-publico-em-reserva-na-china-1.980411>. ACESSO EM: 17 SET. 2019.

# POR DENTRO DO TEXTO

**1** ONDE A NOTÍCIA FOI PUBLICADA?

.................................................................................................................................

**2** QUANDO O TEXTO FOI PUBLICADO?

.................................................................................................................................

**3** É POSSÍVEL SABER QUEM ESCREVEU O TEXTO? CONVERSE COM OS COLEGAS E O PROFESSOR.

**4** QUE FATO ESTÁ SENDO NOTICIADO NO TÍTULO?

.................................................................................................................................

.................................................................................................................................

**5** MARQUE COM UM **X** AS INFORMAÇÕES DADAS NA NOTÍCIA.

☐ ONDE OS FILHOTES ESTÃO.

☐ QUANTAS PESSOAS VISITARAM OS FILHOTES.

☐ A QUANTIDADE DE FILHOTES QUE COMPÕEM A FAMÍLIA DOS PANDAS-GIGANTES.

# SAIBA MAIS

A DIMINUIÇÃO DAS FLORESTAS DE BAMBU LEVOU O PANDA-GIGANTE A FICAR EM PERIGO DE **EXTINÇÃO**. ISSO PORQUE ELE SE ALIMENTA, BASICAMENTE, DE BAMBU.

**EXTINÇÃO:** DESAPARECIMENTO DEFINITIVO DE UMA ESPÉCIE DE SER VIVO.

## PRODUÇÃO RELÂMPAGO — TÍTULO DE NOTÍCIA

**1** LEIA MAIS UMA NOTÍCIA. OBSERVE QUE ELA ESTÁ SEM O TÍTULO.

http://agenciabrasil.ebc.com.br/geral/noticia/2016-07/instituto-resgata-240-animais-silvestres-no-primeiro-semestre-em-manaus

PUBLICADO EM 14/07/2016 - 17H49     POR BIANCA PAIVA – CORRESPONDENTE DA AGÊNCIA BRASIL   MANAUS

DE JANEIRO A JUNHO, PELO MENOS 240 ANIMAIS SILVESTRES FORAM RESGATADOS EM MANAUS E NA REGIÃO METROPOLITANA PELO INSTITUTO DE PROTEÇÃO AMBIENTAL DO AMAZONAS (IPAAM). OS BICHOS, PRINCIPALMENTE PREGUIÇAS, MACACOS, JACARÉS, AVES E COBRAS, ESTAVAM FORA DO *HABITAT* NATURAL E EM SITUAÇÃO DE RISCO. O RESGATE FOI FEITO APÓS DENÚNCIAS DA POPULAÇÃO.

"NORMALMENTE, ESSES ANIMAIS ESTÃO FUGINDO DE ALGUM DESMATAMENTO OU ATÉ MESMO PELO CONTATO QUE A CIDADE DE MANAUS TEM COM IMENSOS FRAGMENTOS FLORESTAIS DENTRO DA ÁREA URBANA E NO ENTORNO DO MUNICÍPIO, QUE É TODO CERCADO DE FLORESTA PRIMÁRIA, E INVADEM AS CASAS DAS PESSOAS", DISSE O GERENTE DE FAUNA DO IPAAM, MARCELO GARCIA. DE ACORDO COM GARCIA, EXISTEM CASOS MAIS COMPLICADOS, DE ANIMAIS FERIDOS OU QUE FORAM ATROPELADOS. "MUITAS PREGUIÇAS TOMAM CHOQUES ELÉTRICOS EM FIOS DE ALTA TENSÃO", EXEMPLIFICOU.

[...]

**AGÊNCIA BRASIL**. DISPONÍVEL EM: <http://agenciabrasil.ebc.com.br/geral/noticia/2016-07/instituto-resgata-240-animais-silvestres-no-primeiro-semestre-em-manaus>. ACESSO EM: 19 SET. 2019.

**2**  CONVERSE COM OS COLEGAS E O PROFESSOR:
- QUAL É O FATO QUE A NOTÍCIA APRESENTA?
- ONDE E POR QUE ESSE FATO OCORREU?

**3**  EM DUPLAS, CRIEM UM TÍTULO PARA A NOTÍCIA E ESCREVAM-NO NA SEGUNDA LINHA, ANTES DO TEXTO.
- NA PRIMEIRA LINHA, COPIEM O TÍTULO ORIGINAL QUE O PROFESSOR VAI ESCREVER NA LOUSA.

# VOCÊ EM AÇÃO

## NOTÍCIA

ATÉ AQUI LEMOS TRÊS NOTÍCIAS E APRENDEMOS QUE ELAS RELATAM FATOS E ACONTECIMENTOS ATUAIS DE INTERESSE DAS PESSOAS.

AGORA, VOCÊS VÃO PRODUZIR UMA NOTÍCIA SOBRE ALGUM ACONTECIMENTO RELACIONADO AO MEIO AMBIENTE E DIVULGÁ-LA ENTRE A COMUNIDADE ESCOLAR.

> **OBJETIVO DA PRODUÇÃO:** PRODUZIR UMA NOTÍCIA SOBRE ALGUM ACONTECIMENTO RELACIONADO AO MEIO AMBIENTE E PUBLICÁ-LA NO BLOGUE OU *SITE* DA ESCOLA.
>
> **PÚBLICO-ALVO:** COMUNIDADE ESCOLAR.

### PLANEJANDO SUAS IDEIAS

1. PARA PRODUZIR A NOTÍCIA, VOCÊS VÃO SE ORGANIZAR EM GRUPOS.
2. CADA GRUPO VAI PESQUISAR SOBRE FATOS RECENTES RELACIONADOS AO MEIO AMBIENTE.
3. PARA REALIZAR A PESQUISA, CONSULTEM JORNAIS IMPRESSOS OU *ON-LINE*.
4. COM AS NOTÍCIAS PESQUISADAS, ESCOLHAM A QUE ACHAREM MAIS INTERESSANTE.
5. ANOTEM NO CADERNO AS SEGUINTES INFORMAÇÕES SOBRE A NOTÍCIA:
   - QUAL É O FATO?
   - ONDE E QUANDO O FATO OCORREU?
   - QUEM SÃO OS ENVOLVIDOS NO ACONTECIMENTO (ANIMAIS, PESSOAS)?
   - QUE OUTRAS INFORMAÇÕES PODEM SER ACRESCENTADAS?

## RASCUNHO

**1** SIGAM AS ORIENTAÇÕES PARA FAZER O RASCUNHO DA NOTÍCIA:
- A NOTÍCIA TERÁ DOIS PARÁGRAFOS.
- RETOMEM AS PERGUNTAS E AS ANOTAÇÕES FEITAS NO CADERNO E ORGANIZEM ESSAS INFORMAÇÕES NO PRIMEIRO PARÁGRAFO. CERTIFIQUEM-SE DE QUE O PRIMEIRO PARÁGRAFO TENHA TODAS AS INFORMAÇÕES NECESSÁRIAS PARA QUE O LEITOR COMPREENDA O FATO.
- PARA ESCREVER O SEGUNDO PARÁGRAFO, SELECIONEM AS INFORMAÇÕES. DEEM ALGUNS DETALHES SOBRE O FATO.

**2** A NOTÍCIA DEVE SER CURTA, OBJETIVA E FÁCIL DE ENTENDER.

**3** CRIEM UM TÍTULO, DESTACANDO O FATO NOTICIADO.

## REVISANDO SUAS IDEIAS

COM O RASCUNHO DA NOTÍCIA PRONTO, FAÇAM A REVISÃO DO TEXTO SEGUINDO O QUADRO ABAIXO.

|  | SIM | NÃO |
|---|---|---|
| O ASSUNTO DA NOTÍCIA É RELACIONADO AO MEIO AMBIENTE? |  |  |
| O PRIMEIRO PARÁGRAFO DO TEXTO CONTÉM AS INFORMAÇÕES NECESSÁRIAS PARA O LEITOR COMPREENDER O FATO? |  |  |
| O SEGUNDO PARÁGRAFO CONTÉM MAIS DETALHES SOBRE O FATO NOTICIADO? |  |  |
| FOI CRIADO UM TÍTULO PARA A NOTÍCIA? |  |  |
| AS PALAVRAS FORAM ESCRITAS CORRETAMENTE? OS SINAIS DE PONTUAÇÃO FORAM USADOS DE MODO ADEQUADO? |  |  |

## TEXTO FINAL

**1** APÓS A REVISÃO, REESCREVAM A NOTÍCIA EM UMA FOLHA À PARTE, FAZENDO AS MODIFICAÇÕES QUE FOREM NECESSÁRIAS.

**2** ENTREGUEM O TEXTO AO PROFESSOR. ELE VAI GUARDÁ-LO PARA A PRÓXIMA ETAPA DESSA PRODUÇÃO.

 # FOTO-LEGENDA

 **LEITURA 1**

AO LER AS NOTÍCIAS NO ITEM ANTERIOR, AS IMAGENS FORAM IMPORTANTES PARA AJUDÁ-LO A ENTENDER OS ACONTECIMENTOS? LEIA O TRECHO DE MAIS UMA NOTÍCIA E PRESTE ATENÇÃO NA IMAGEM.

https://revistagalileu.globo.com/Ciencia/Meio-Ambiente/noticia/2019/07/ameacados-de-extincao-restam-menos-de-19-botos-vaquitas-no-mundo.html

**AMEAÇADOS DE EXTINÇÃO, RESTAM MENOS DE 19 BOTOS VAQUITAS NO MUNDO**

PESQUISADORES DO MÉXICO E DOS EUA ESTIMAM QUE A POPULAÇÃO DO MENOR MAMÍFERO MARINHO DO MUNDO CAIU EM 98,6% DESDE 2011.

REDAÇÃO GALILEU
31 JUL. 2019 - 17H08   ATUALIZADO EM 31 JUL. 2019 - 17H08

CONHECIDA COMO BOTO DO PACÍFICO, A VAQUITA (*PHOCOENA SINUS*) É O MENOR MAMÍFERO **MARINHO** DO MUNDO E ESTÁ AMEAÇADA DE EXTINÇÃO SOBRETUDO DEVIDO À PESCA **ILEGAL**. UM NOVO ESTUDO, FEITO POR PESQUISADORES DO MÉXICO E DOS ESTADOS UNIDOS, MOSTROU QUE RESTAM MENOS DE 19 DESSES ANIMAIS NO PLANETA. [...]

● UMA VAQUITA MORTA APÓS SER CAPTURADA POR UMA REDE DE PESCA DE **EMALHAR**.

AMEAÇADOS DE EXTINÇÃO, RESTAM MENOS DE 19 BOTOS VAQUITAS NO MUNDO. **GALILEU**. DISPONÍVEL EM: <https://revistagalileu.globo.com/Ciencia/Meio-Ambiente/noticia/2019/07/ameacados-de-extincao-restam-menos-de-19-botos-vaquitas-no-mundo.html>. ACESSO EM: 6 DEZ. 2019.

**EMALHAR:** TIPO DE REDE DE PESCA EM QUE OS PEIXES FICAM PRESOS EM MALHAS.
**ILEGAL:** PROIBIDA; CONTRÁRIA À LEI.
**MARINHO:** QUE VIVE NO MAR.

## POR DENTRO DO TEXTO

**1** O QUE A FOTOGRAFIA DA NOTÍCIA RETRATA?

**2** QUE SENTIMENTO A IMAGEM DESPERTA EM VOCÊ?

☐ TRISTEZA. ☐ PREOCUPAÇÃO.

☐ SURPRESA. ☐ MEDO.

**3** ABAIXO DA IMAGEM HÁ UM TEXTO. QUE INFORMAÇÃO ESSE TEXTO APRESENTA? COPIE-O ABAIXO.

> O TEXTO QUE APARECE ABAIXO DA IMAGEM É UMA **FOTO-LEGENDA**.
>
> A FOTO-LEGENDA É UM TEXTO QUE ACOMPANHA FOTOGRAFIAS. ELA SERVE PARA DAR EXPLICAÇÕES OU DETALHES SOBRE A IMAGEM.

**4** A FOTO-LEGENDA FAZ PARTE DE UMA NOTÍCIA. QUAL É O FATO NOTICIADO?

## SAIBA MAIS

A EXTINÇÃO ACONTECE QUANDO UMA ESPÉCIE DEIXA DE EXISTIR NA NATUREZA. ISSO OCORRE DEVIDO A ALGUM DESASTRE NATURAL, COMO O QUE OCORREU COM OS DINOSSAUROS HÁ MILHARES DE ANOS, OU PELA AÇÃO DO SER HUMANO. DENTRE AS PRINCIPAIS AÇÕES HUMANAS, DESTACAM-SE A POLUIÇÃO DOS RIOS, A CAÇA ILEGAL, OS DESMATAMENTOS DAS FLORESTAS E AS QUEIMADAS. TUDO ISSO INTERFERE NA NATUREZA.

# LEITURA 2

VOCÊ APRENDEU QUE UMA FOTO-LEGENDA PODE FAZER PARTE DE UMA NOTÍCIA. ELA APRESENTA INFORMAÇÕES SOBRE A IMAGEM E SE RELACIONA COM O FATO QUE ESTÁ SENDO RELATADO NA NOTÍCIA.

LEIA A NOTÍCIA A SEGUIR E VEJA MAIS UMA FOTO-LEGENDA.

http://g1.globo.com/am/amazonas/noticia/2014/02/preguica-e-resgatada-em-cerca-eletrica-de-condominio-em-manaus.html

## PREGUIÇA É RESGATADA EM CERCA ELÉTRICA DE CONDOMÍNIO, EM MANAUS

ANIMAL NÃO FICOU FERIDO E FOI DEVOLVIDO À NATUREZA EM ÁREA VERDE NO TARUMÃ. NESTE ANO, 14 PREGUIÇAS JÁ FORAM RESGATADAS PELO IPAAM.

26/02/2014 16H18 - ATUALIZADO EM 26/02/2014 16H21

UMA PREGUIÇA FOI RESGATADA, NA MANHÃ DESTA TERÇA-FEIRA (26), APÓS SE PENDURAR NA CERCA ELÉTRICA DE UM CONDOMÍNIO NO BAIRRO TARUMÃ, NA ZONA OESTE DE MANAUS. O ANIMAL NÃO FICOU FERIDO E FOI DEVOLVIDO À NATUREZA EM UMA ÁREA VERDE PRÓXIMA AO LOCAL DO RESGATE.

UMA EQUIPE DO INSTITUTO DE PROTEÇÃO AMBIENTAL DO AMAZONAS (IPAAM) FOI ACIONADA POR UMA MORADORA DO CONDOMÍNIO RESIDENCIAL. O RESGATE FOI FEITO PELO MÉDICO VETERINÁRIO LUCAS LARA, E O ANIMAL, UMA PREGUIÇA-DE-BENTINHO FÊMEA, ESTAVA BEM.

[...]

● PREGUIÇA FOI RESGATADA EM CONDOMÍNIO.

G1. DISPONÍVEL EM: <http://g1.globo.com/am/amazonas/noticia/2014/02/preguica-e-resgatada-em-cerca-eletrica-de-condominio-em-manaus.html>. ACESSO EM: 23 SET. 2019.

## POR DENTRO DO TEXTO

**1** QUAL É O FATO NOTICIADO?

**2** O QUE A IMAGEM RETRATA? DESCREVA-A.

**3** QUAL É A INFORMAÇÃO QUE A FOTO-LEGENDA APRESENTA?

- A FOTO-LEGENDA ESTÁ ADEQUADA À IMAGEM? POR QUÊ?

**4** LEIA ESTA INFORMAÇÃO, RETIRADA DE UMA NOTÍCIA.

A CADA DIA TEM AUMENTADO O NÚMERO DO APARECIMENTO DE ANIMAIS SILVESTRES NA ZONA URBANA. ELES FOGEM DAS QUEIMADAS, DA ESCASSEZ DE ALIMENTOS, ETC.

[...]

**CORREIO SUDOESTE**. DISPONÍVEL EM: <https://correiosudoeste.com.br/noticia/514/Cresce-cada-vez-mais-o-n%C3%BAmero-de-animais-silvestres-em-%C3%A1rea-urbana>. ACESSO EM: 23 SET. 2019.

- QUAL PODE TER SIDO O MOTIVO DA APARIÇÃO DA PREGUIÇA NO CONDOMÍNIO RESIDENCIAL EM MANAUS? CONVERSE COM OS COLEGAS E O PROFESSOR.

**5** A FOTO-LEGENDA:

☐ APRESENTA INFORMAÇÕES SOBRE A IMAGEM.

☐ FICA POSICIONADA LONGE DA IMAGEM.

☐ EXPLICA A IMAGEM.

☐ NÃO PRECISA TER RELAÇÃO COM A IMAGEM.

**6** O QUE VOCÊ FARIA SE ENCONTRASSE UM ANIMAL SILVESTRE NA ÁREA URBANA DE SUA CIDADE?

## PRODUÇÃO RELÂMPAGO — FOTO-LEGENDA

**1** COMO VOCÊ ACHA QUE FOI O RETORNO DA PREGUIÇA AO AMBIENTE NATURAL DELA? OBSERVE A IMAGEM ABAIXO E IMAGINE QUE ESTA É A PREGUIÇA DA NOTÍCIA.

- ESCOLHA A FOTO-LEGENDA QUE MELHOR COMBINA COM A IMAGEM E COPIE-A NAS LINHAS ACIMA.

  ☐ PREGUIÇA PASSA A VIVER COM OS MORADORES DO CONDOMÍNIO.

  ☐ PREGUIÇA RESGATADA VOLTA AO SEU LAR NA NATUREZA.

  ☐ MOTORISTAS PARAM PARA PREGUIÇA ATRAVESSAR A RUA.

**2** COM OS COLEGAS, CRIE UMA FOTO-LEGENDA PARA A IMAGEM.

# VOCÊ EM AÇÃO

## FOTO-LEGENDA

NO CAPÍTULO ANTERIOR, VOCÊS PRODUZIRAM UMA NOTÍCIA. AGORA, VÃO COMPLEMENTÁ-LA COM UMA IMAGEM E UMA FOTO-LEGENDA.

SIGA AS ORIENTAÇÕES DO PROFESSOR E MÃOS À OBRA!

> **OBJETIVO DA PRODUÇÃO:** SELECIONAR UMA IMAGEM E PRODUZIR UMA FOTO-LEGENDA PARA ACOMPANHAR A NOTÍCIA PRODUZIDA NO CAPÍTULO ANTERIOR. DEPOIS, COMPARTILHAR A NOTÍCIA NO *SITE* OU BLOGUE DA ESCOLA.
>
> **PÚBLICO-ALVO:** COMUNIDADE ESCOLAR.

### PLANEJANDO SUAS IDEIAS

1. REÚNA-SE COM OS COLEGAS DE GRUPO COM OS QUAIS VOCÊ PRODUZIU A NOTÍCIA NO CAPÍTULO ANTERIOR.

2. RELEIAM A NOTÍCIA QUE PRODUZIRAM E PENSEM EM QUAL IMAGEM PODERIA ACOMPANHAR O TEXTO. VEJAM ALGUMAS IDEIAS:
   - IMAGEM DO ANIMAL DA NOTÍCIA EM SEU AMBIENTE NATURAL.
   - IMAGEM DE ALGUNS FATORES QUE POSSAM AMEAÇAR A VIDA DOS ANIMAIS OU CAUSAR A DESTRUIÇÃO DO MEIO AMBIENTE, COMO QUEIMADAS, DESMATAMENTOS, POLUIÇÃO DOS RIOS, CAÇA ILEGAL, ETC.

3. FAÇAM UMA PESQUISA NA INTERNET, EM JORNAIS E REVISTAS PARA ENCONTRAR UMA IMAGEM. DEPOIS DE SELECIONAR ALGUMAS IMAGENS, ESCOLHAM UMA OU DUAS PARA COMPOR A NOTÍCIA.

## RASCUNHO

**1** DEPOIS DE ESCOLHEREM A IMAGEM, PENSEM NA FOTO-LEGENDA QUE VAI ACOMPANHÁ-LA.

**2** A FOTO-LEGENDA PRECISA DIALOGAR COM A IMAGEM E COM O TEXTO DA NOTÍCIA. ALÉM DISSO, ELA PRECISA APRESENTAR INFORMAÇÕES E DETALHES QUE COMPLEMENTEM A NOTÍCIA.

**3** FAÇAM O RASCUNHO DA FOTO-LEGENDA EM UMA FOLHA À PARTE.

## REVISANDO SUAS IDEIAS

SEGUINDO O QUADRO ABAIXO, FAÇAM A REVISÃO DO RASCUNHO DA FOTO-LEGENDA.

| | SIM | NÃO |
|---|---|---|
| A IMAGEM TEM RELAÇÃO COM A NOTÍCIA? | | |
| O TEXTO DA FOTO-LEGENDA TEM RELAÇÃO COM A IMAGEM E COM A NOTÍCIA? | | |
| A FOTO-LEGENDA APRESENTA INFORMAÇÕES E DETALHES QUE COMPLEMENTAM A NOTÍCIA? | | |

## TEXTO FINAL

**1** DEPOIS DA REVISÃO, ESCREVAM A VERSÃO FINAL DA FOTO-LEGENDA, FAZENDO AS MODIFICAÇÕES NECESSÁRIAS.

**2** REESCREVAM A NOTÍCIA EM UMA FOLHA À PARTE E ACRESCENTEM A IMAGEM E A FOTO-LEGENDA. ESCOLHAM A MELHOR LOCALIZAÇÃO PARA A IMAGEM, PARA QUE ELA CHAME A ATENÇÃO DOS LEITORES.

**3** COMBINEM COM O PROFESSOR A PUBLICAÇÃO DAS NOTÍCIAS NO BLOGUE OU *SITE* DA ESCOLA. VOCÊS TAMBÉM PODERÃO COMPOR UM CADERNO DE NOTÍCIAS PRODUZIDAS PELA TURMA.

# 12 CURIOSIDADES

## LEITURA 1

VOCÊ SE CONSIDERA UMA CRIANÇA CURIOSA? GOSTA DE APRENDER COISAS NOVAS? JÁ IMAGINOU A QUANTIDADE DE ESPÉCIES DE ANIMAIS QUE O MEIO AMBIENTE ABRIGA? SABER TUDO SOBRE ELES NÃO DEVE SER NADA FÁCIL!

NA LEITURA A SEGUIR, VAMOS DESCOBRIR INFORMAÇÕES MUITO CURIOSAS SOBRE ALGUNS BICHOS.

**QUAL É A DIFERENÇA ENTRE MACACO, GORILA E ORANGOTANGO?**

MACACO É O NOME MAIS COMUM PARA QUALQUER ESPÉCIE DE ANIMAIS DO GRUPO DOS PRIMATAS.

GORILA É O NOME DE DUAS ESPÉCIES DE GRANDES PRIMATAS AFRICANOS: O **GORILA-DA-MONTANHA** E O **GORILA-DA-PLANÍCIE**.

JÁ O ORANGOTANGO É OUTRA ESPÉCIE DE PRIMATA QUE VIVE NO SUDESTE ASIÁTICO. TODOS, DE MODO GERAL, PODEM SER CHAMADOS DE MACACOS.

**QUAL É O ANIMAL MAIS PERIGOSO DO MUNDO TIRANDO O HOMEM?**

MUITOS ANIMAIS PODEM SER UMA AMEAÇA A OUTROS BICHOS. EM GERAL, PENSAMOS NOS MAIORES E QUE PARECEM MAIS FEROZES, COMO A ONÇA E O TUBARÃO. MAS HÁ ANIMAIS QUE PARECEM INOFENSIVOS E SÃO PERIGOSOS. É O CASO DA ÁGUA-VIVA VESPA-DO-MAR, DONA DE UM VENENO PODEROSO.

É BOM LEMBRAR QUE ESSES BICHOS NÃO SÃO MAUS, APENAS TÊM FORMAS MAIS DESENVOLVIDAS DE ATAQUE E DEFESA QUE OUTRAS ESPÉCIES.

CURIOSIDADES RECREIO, DE FERNANDA SANTOS (ORGANIZADORA). SÃO PAULO, ABRIL, 2011. P. 06-07.

# POR DENTRO DO TEXTO

**1** QUAL É O ASSUNTO DOS TEXTOS QUE VOCÊ LEU?

**2** ONDE ESSAS CURIOSIDADES FORAM PUBLICADAS?

**3** PARA QUE PÚBLICO DE LEITORES ESSAS CURIOSIDADES FORAM ESCRITAS?

**4** RELEIA A PRIMEIRA CURIOSIDADE E ASSINALE AS RESPOSTAS CORRETAS.

**A)** MACACO É O NOME MAIS COMUM QUE PODE SER USADO:

☐ PARA QUALQUER ESPÉCIE DE PRIMATA.

☐ SOMENTE PARA AS ESPÉCIES DE PRIMATAS AFRICANOS.

**B)** GORILAS E ORANGOTANGOS PODEM SER CHAMADOS DE MACACOS?

☐ SIM. ☐ NÃO.

> OS TEXTOS QUE VOCÊ LEU SÃO **CURIOSIDADES**. ELES APRESENTAM INFORMAÇÕES CURIOSAS, SURPREENDENTES, INCOMUNS OU INESPERADAS SOBRE DIVERSOS ASSUNTOS.
>
> AS CURIOSIDADES SÃO, GERALMENTE, TEXTOS CURTOS E PODEM SER ENCONTRADAS EM REVISTAS, JORNAIS, LIVROS E NA INTERNET.

**5** RELEIA A SEGUNDA CURIOSIDADE E RESPONDA ÀS QUESTÕES.

**A)** POR QUE A ÁGUA-VIVA VESPA-DO-MAR É PERIGOSA?

**B)** ELA PARECE SER PERIGOSA?

**6** O QUE VOCÊ ACHOU DESSAS CURIOSIDADES?

## LEITURA 2

VOCÊ SABE O QUE AS LONTRAS-MARINHAS FAZEM QUANDO ESTÃO DORMINDO? E POR QUE OS POLVOS JUNTAM OBJETOS BRILHANTES?

LEIA AS CURIOSIDADES A SEGUIR E DESCUBRA MAIS ALGUMAS INFORMAÇÕES INTERESSANTES SOBRE OS ANIMAIS. ELAS FORAM RETIRADAS DO TEXTO **20 CURIOSIDADES FOFAS SOBRE O MUNDO ANIMAL**.

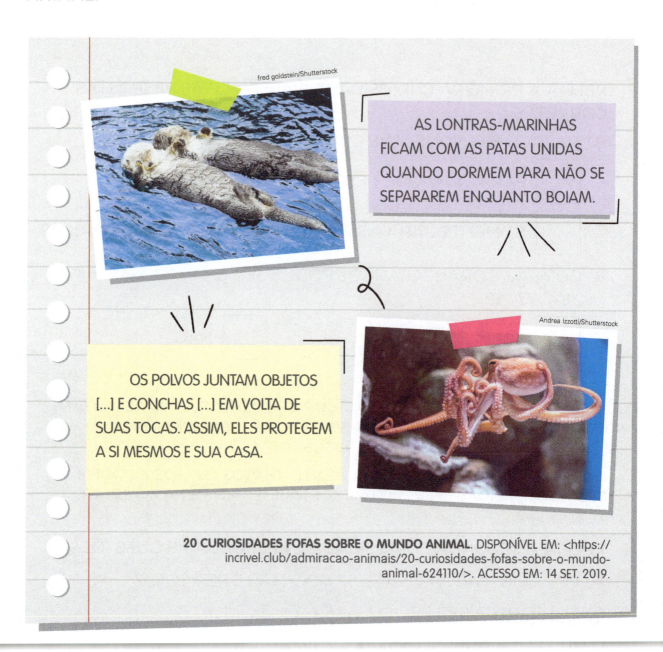

AS LONTRAS-MARINHAS FICAM COM AS PATAS UNIDAS QUANDO DORMEM PARA NÃO SE SEPARAREM ENQUANTO BOIAM.

OS POLVOS JUNTAM OBJETOS [...] E CONCHAS [...] EM VOLTA DE SUAS TOCAS. ASSIM, ELES PROTEGEM A SI MESMOS E SUA CASA.

**20 CURIOSIDADES FOFAS SOBRE O MUNDO ANIMAL**. DISPONÍVEL EM: <https://incrivel.club/admiracao-animais/20-curiosidades-fofas-sobre-o-mundo-animal-624110/>. ACESSO EM: 14 SET. 2019.

# POR DENTRO DO TEXTO

**1** A LEITURA APRESENTA CURIOSIDADES SOBRE QUAIS ANIMAIS?

**2** ONDE AS CURIOSIDADES LIDAS FORAM PUBLICADAS?

**3** ESCREVA OS NOMES DOS ANIMAIS DE ACORDO COM AS INFORMAÇÕES DO TEXTO.

CERCA SEU ABRIGO COM OBJETOS E CONCHAS PARA SE PROTEGER.

AO DORMIR, DÃO AS PATAS PARA NÃO SE SEPARAREM.

**4** ESSAS CURIOSIDADES APRESENTAM INFORMAÇÕES INTERESSANTES, INESPERADAS, SUPREENDENTES?

**5** VOCÊ ACHOU AS CURIOSIDADES "FOFAS"? POR QUÊ?

**6** QUE LEITORES PODERIAM SE INTERESSAR POR ESSAS CURIOSIDADES?

## PRODUÇÃO RELÂMPAGO — QUEM SOU EU?

VOCÊ VAI GOSTAR DESSA CURIOSIDADE! PARA CONHECÊ-LA, SERÁ PRECISO DESVENDAR O ENIGMA.

OS  PLANTAM MUITAS  TODOS OS ANOS, POIS, EM ÉPOCAS FRIAS, ENTERRAM SUAS .

- NO ESPAÇO ABAIXO, REESCREVA O TEXTO SUBSTITUINDO AS IMAGENS POR PALAVRAS. DEPOIS, FAÇA UMA BELA ILUSTRAÇÃO.

## VOCÊ EM AÇÃO

## CURIOSIDADES

DEPOIS DE CONHECER UM POUCO A VIDA DOS ANIMAIS, AGORA É SUA VEZ DE PESQUISAR MAIS ALGUMAS ESPÉCIES E PRODUZIR CURIOSIDADES.

**OBJETIVO DA PRODUÇÃO:** PRODUZIR CURIOSIDADES SOBRE ANIMAIS PARA COMPOR UMA REVISTA DE CURIOSIDADES.

**PÚBLICO-ALVO:** COLEGAS DE TURMA E COMUNIDADE ESCOLAR.

## PLANEJANDO SUAS IDEIAS

1. O PROFESSOR VAI ORGANIZAR A TURMA EM GRUPOS.

2. CADA GRUPO VAI FAZER UMA PESQUISA SOBRE ANIMAIS. CONVERSEM COM O PROFESSOR SOBRE AS SEGUINTES QUESTÕES:
   - QUAIS FORAM OS ANIMAIS ESTUDADOS NESTA UNIDADE?
   - QUAIS OUTROS ANIMAIS GOSTARÍAMOS DE PESQUISAR?
   - QUE INFORMAÇÕES PODERÍAMOS PROCURAR SOBRE ELES: ONDE VIVEM? DO QUE SE ALIMENTAM? COMO SE LOCOMOVEM? QUE HÁBITOS TÊM?

3. FAÇAM UMA LISTA DOS ANIMAIS ESCOLHIDOS E COMPARTILHEM-NA COM OS OUTROS GRUPOS DA SALA, PARA QUE OS ANIMAIS NÃO SE REPITAM E SEJAM BEM VARIADOS.

4. DEFINIDOS OS ANIMAIS DE CADA GRUPO, FAÇAM A PESQUISA EM LIVROS OU NA INTERNET.

5. DURANTE A PESQUISA, TENTEM ENCONTRAR INFORMAÇÕES CURIOSAS, INTERESSANTES, QUE SURPREENDAM OS LEITORES.

6. ANOTEM NO CADERNO AS INFORMAÇÕES PESQUISADAS. BUSQUEM TAMBÉM IMAGENS QUE ILUSTREM AS CURIOSIDADES QUE SERÃO PRODUZIDAS.

## RASCUNHO

**1** EM UMA FOLHA À PARTE, ESCREVAM O NOME DO ANIMAL E AS INFORMAÇÕES MAIS INTERESSANTES E CURIOSAS SOBRE ELE.

**2** JUNTEM OS TEXTOS DE TODOS DO GRUPO. HAVERÁ UM TEXTO PARA CADA ANIMAL.

**3** PARA CHAMAR A ATENÇÃO DOS LEITORES PARA A LEITURA DAS CURIOSIDADES, ESCOLHAM UM TÍTULO QUE DÊ DESTAQUE AO NOME DO ANIMAL. VOCÊS PODEM SE INSPIRAR NAS LEITURAS DE CURIOSIDADES QUE FIZERAM.

## REVISANDO SUAS IDEIAS

- FAÇAM A REVISÃO DOS TEXTOS DO GRUPO.

|  | SIM | NÃO |
|---|---|---|
| SELECIONAMOS DIFERENTES ANIMAIS? |  |  |
| OS TEXTOS APRESENTAM INFORMAÇÕES INTERESSANTES E CURIOSAS A RESPEITO DOS ANIMAIS PESQUISADOS? |  |  |
| AS INFORMAÇÕES VÃO SURPREENDER OS LEITORES? |  |  |
| OS TEXTOS ESTÃO ESCRITOS CORRETAMENTE? A PONTUAÇÃO FOI USADA DE MODO ADEQUADO? |  |  |

## TEXTO FINAL

**1** PASSEM OS TEXTOS A LIMPO, FAZENDO AS ALTERAÇÕES NECESSÁRIAS. ILUSTREM OS TEXTOS.

**2** NÃO SE ESQUEÇAM DE ESCREVER O NOME DE VOCÊS NO FINAL DOS TEXTOS.

**3** DEPOIS DE PRONTOS, ENTREGUEM OS TEXTOS AO PROFESSOR, QUE VAI JUNTÁ-LOS COM OS DOS OUTROS GRUPOS E ORGANIZAR A MONTAGEM DA REVISTA DE CURIOSIDADES ANIMAIS.

**4** COMBINEM COM O PROFESSOR COMO FARÃO A DIVULGAÇÃO DA REVISTA PARA A COMUNIDADE ESCOLAR.

## TECNOLOGIA PARA...

**PRODUZIR UM VÍDEO DE CURIOSIDADES**

VOCÊS PODERÃO TRANSFORMAR A REVISTA DE CURIOSIDADES DA TURMA EM UM VÍDEO PARA SER POSTADO NO *SITE* OU BLOGUE DA ESCOLA.

PARA ISSO, DECIDAM JUNTOS SOBRE QUAIS CURIOSIDADES VÃO FALAR NO VÍDEO. EM SEGUIDA, PLANEJEM O ROTEIRO.

- **1º MOMENTO DA GRAVAÇÃO**

    INICIEM O VÍDEO CUMPRIMENTANDO O PÚBLICO. DECIDAM O QUE VÃO FALAR, POR EXEMPLO, "BOM DIA", "BOA TARDE", "COMO VÃO VOCÊS?". ESCOLHAM UMA SAUDAÇÃO BEM LEGAL. COMBINEM SE TODOS OS INTEGRANTES DO GRUPO VÃO CUMPRIMENTAR O PÚBLICO OU SE SERÁ APENAS UM INTEGRANTE. EM SEGUIDA, CADA UM DEVERÁ SE APRESENTAR DIZENDO O PRÓPRIO NOME.

    FINALIZEM ESSE MOMENTO ANUNCIANDO QUE VÃO FALAR SOBRE CURIOSIDADES ANIMAIS BEM INTERESSANTES.

- **2º MOMENTO DA GRAVAÇÃO**

    CADA MEMBRO DO GRUPO VAI EXPOR UMA CURIOSIDADE SOBRE OS ANIMAIS.

    AO FINAL DAS EXPOSIÇÕES, AGRADEÇAM A ATENÇÃO DO PÚBLICO E SE DESPEÇAM.

- **DICAS IMPORTANTES!**

    ENSAIEM O QUE CADA UM VAI FALAR.

    USEM UM TOM DE VOZ ADEQUADO. NÃO FALEM MUITO BAIXO NEM GRITEM.

    CUIDEM DA POSTURA. NÃO SE ENCOSTEM NA PAREDE E EVITEM FICAR DE BRAÇOS CRUZADOS.

    PEÇAM A AJUDA DO PROFESSOR PARA FAZER A GRAVAÇÃO DO VÍDEO.

# EXPLORANDO O TEMA...

## QUEM PLANTA COLHE!

O REFLORESTAMENTO É UMA AÇÃO IMPORTANTE PARA A PRESERVAÇÃO DA NATUREZA. REFLORESTAR É REPLANTAR ÁRVORES E PLANTAS EM LUGARES QUE FORAM DESMATADOS.

LEIA A NOTÍCIA A SEGUIR E CONHEÇA A HISTÓRIA DE UMA ESCOLA PREOCUPADA COM O MEIO AMBIENTE E COM A QUALIDADE DE VIDA DA COMUNIDADE.

https://www.folhavitoria.com.br/geral/noticia/04/2019/criancas-plantam-mudas-de-arvores-em-acao-a-favor-do-meio-ambiente-em-cariacica

### CRIANÇAS PLANTAM MUDAS DE ÁRVORES EM AÇÃO A FAVOR DO MEIO AMBIENTE EM CARIACICA

REDAÇÃO FOLHA VITÓRIA

03 DE ABRIL DE 2019 ÀS 11:34

ATUALIZADO 03/04/2019 11:34:02

CRIANÇAS DE UMA ESCOLA DO BAIRRO FLOR DO CAMPO, CARIACICA, PLANTARAM OITO MUDAS DE ÁRVORES NESTA SEGUNDA-FEIRA (1) PARA REFORÇAR A IMPORTÂNCIA DA PRESERVAÇÃO AMBIENTAL. ESSA É UMA DE SÉRIE DE AÇÕES NO MUNICÍPIO INICIADAS NO ÚLTIMO DIA 22 DE MARÇO, QUANDO FOI CELEBRADO O DIA MUNDIAL DA ÁGUA.

CADA UMA DAS OITO TURMAS DA ESCOLA FICOU RESPONSÁVEL PELO PLANTIO DE UMA ÁRVORE. AS MUDAS ESCOLHIDAS FORAM A FRUTÍFERA PITANGA, O PAU-CANELA, O BANDARA, O ANGELIM-PEDRA E QUATRO MUDAS DE IPÊ-AMARELO. ESSES TIPOS FORAM ESCOLHIDOS POR SUAS CARACTERÍSTICAS DE RAÍZES PROFUNDAS, QUE NÃO PREJUDICAM O SOLO AO REDOR.

[...]

AS CRIANÇAS DA ESCOLA AINDA FIZERAM UMA APRESENTAÇÃO MUSICAL PARA REFORÇAR A VALORIZAÇÃO DA ÁGUA E DO MEIO AMBIENTE.

**FOLHA VITÓRIA**. DISPONÍVEL EM: <https://www.folhavitoria.com.br/geral/noticia/04/2019/criancas-plantam-mudas-de-arvores-em-acao-a-favor-do-meio-ambiente-em-cariacica>. ACESSO EM: 23 SET. 2019.

## REFLETINDO SOBRE O TEMA

**1** QUAL É O FATO NOTICIADO?

**2** VOCÊ CONSIDERA A AÇÃO IMPORTANTE? POR QUÊ?

**3** OBSERVE ESTAS IMAGENS E CONVERSE COM OS COLEGAS E O PROFESSOR SOBRE AS ATIVIDADES A SEGUIR.

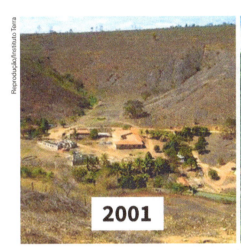

2001 — 2019

● RESTAURAÇÃO FLORESTAL EM ÁREA DE MINAS GERAIS.

**REVISTA GALILEU**. DISPONÍVEL EM: <https://revistagalileu.globo.com/Ciencia/noticia/2019/04/sebastiao-salgado-divulga-foto-de-restauracao-florestal-apos-20-anos.html>. ACESSO EM: 24 SET. 2019.

**A)** DESCREVA AS DIFERENÇAS ENTRE AS IMAGENS.

**B)** COMO DEVERIA SER O CLIMA NA PRIMEIRA FOTOGRAFIA?

**C)** QUE AÇÕES PODEM TER SIDO REALIZADAS PARA QUE A PAISAGEM DA SEGUNDA FOTOGRAFIA SE TRANSFORMASSE?

## AMPLIANDO E MOBILIZANDO IDEIAS

SEGUINDO O EXEMPLO DA ESCOLA DA NOTÍCIA, VOCÊ E SUA TURMA VÃO PLANTAR ÁRVORES PARA CONTRIBUIR PARA A PRESERVAÇÃO DO MEIO AMBIENTE. ANTES, CONVERSEM COM O PROFESSOR SOBRE AS SEGUINTES QUESTÕES:

- O BAIRRO ONDE ESTÁ A ESCOLA TEM PRAÇAS? ELAS ESTÃO BEM CUIDADAS? NELAS HÁ PLANTAS E ÁRVORES?

- HÁ OUTROS ESPAÇOS PÚBLICOS QUE PRECISAM DE ATENÇÃO E CUIDADO?

CONVIDEM A COMUNIDADE ESCOLAR PARA COLABORAR NA REALIZAÇÃO DAS AÇÕES DE MELHORIA DO BAIRRO.

# SUGESTÕES PARA O ALUNO

### LIVRO

**NOME, SOBRENOME, APELIDO**, DE RENATA BUENO E MARIANA ZANETTI. SÃO PAULO: COMPANHIA DAS LETRINHAS.

QUINZE HISTÓRIAS CURTAS FALAM SOBRE CÃES, GATOS, PESSOAS E SUAS VÁRIAS ALCUNHAS. ILUSTRADO COM PEDAÇOS DE PAPEL COLORIDO, O LIVRO TRAZ AINDA DEPOIMENTOS DAS AUTORAS SOBRE O DESENHO FEITO SEM LÁPIS, CANETA, GIZ OU PINCEL, ALÉM DE SUGESTÕES DE ATIVIDADES.

### CD

**CANÇÃO DE TODAS AS CRIANÇAS**, DE TOQUINHO E ELIFAS ANDREATO, UNIVERSAL.

MUITAS CANÇÕES DIVERTIDAS QUE RETRATAM O UNIVERSO DA CRIANÇA BRASILEIRA.

### FILME

**PONYO: UMA AMIZADE QUE VEIO DO MAR**. DIREÇÃO DE HAYAO MIYAZAKI. JAPÃO, 2010.

ANIMAÇÃO JAPONESA QUE CONTA A HISTÓRIA DE UM GAROTO CHAMADO SOSUKE, QUE UM DIA ENCONTRA UM PEIXINHO PRESO EM UMA GARRAFA E DECIDE LIBERTÁ-LO. O QUE SOSUKE NÃO CONTAVA ERA QUE ESSE PEIXINHO ERA UMA PRINCESA DO MAR. UMA HISTÓRIA DE AMIZADE E COMPANHEIRISMO.

### LIVROS

**ALDEIAS, PALAVRAS E MUNDOS INDÍGENAS**, DE VALÉRIA MACEDO. SÃO PAULO: COMPANHIA DAS LETRINHAS.

UMA VIAGEM PELA CULTURA INDÍGENA, COMO A DOS POVOS YANOMAMI, KRAHÔ, KUIKURO E GUARANI MBYA, COMO VIVEM E SE ORGANIZAM, ONDE MORAM, COMO SE ENFEITAM, SUAS FESTAS, SUA LÍNGUA, ETC.

**KABÁ DAREBU**, DE DANIEL MUNDURUKU E MARIE-THÉRÈSE KOWALCZYK. SÃO PAULO: BRINQUE-BOOK.

KABÁ DAREBU É UM INDIOZINHO QUE NOS CONTA, COM SABEDORIA E POESIA, O JEITO DE SER DE SUA GENTE, OS MUNDURUKU.

### FILME

**CINDERELA**. DIREÇÃO DE KENNETH BRANAGH. ESTADOS UNIDOS/REINO UNIDO, 2015.

ELLA É UMA ADORÁVEL E LINDA MENINA, MAS TEM UMA MADRASTA QUE INSISTE EM TORNAR SUA VIDA BEM DIFÍCIL. COM UM POUCO DE MAGIA E MUITO AMOR, CINDERELA VAI LUTAR PELO SEU FINAL FELIZ.

### 🌸 SITE

**SENINHA**. DISPONÍVEL EM: <https://senninha.com.br/>. ACESSO EM: 30 OUT. 2019.

O *SITE* TRAZ DIVERSOS CONTEÚDOS INTERATIVOS E LÚDICOS: JOGOS, PINTURAS, ATIVIDADES E MUITO MAIS.

### 🌸 LIVROS

**BIBI COME DE TUDO**, DE ALEJANDRO ROSAS. COLEÇÃO PRIMEIRAS HISTÓRIAS. SÃO PAULO: SCIPIONE.

BIBI E ARTUR SÃO DUAS CRIANÇAS QUE NÃO GOSTAM DE COMER CERTOS ALIMENTOS. COM A AJUDA DO PAI DE BIBI, AS CRIANÇAS VIVERÃO UM DESAFIO: APRENDER A COMER DE TUDO.

**VERDURA NÃO: APRENDENDO SOBRE NUTRIÇÃO**, DE CLAIRE LLEWELLYN; MIKE GORDON. SÃO PAULO: SCIPIONE.

O LIVRO NOS AJUDA A COMPREENDER A IMPORTÂNCIA DE COMERMOS DE MANEIRA EQUILIBRADA E NOS MOSTRA AS CONSEQUÊNCIAS QUE UMA ALIMENTAÇÃO DESREGRADA PODE TRAZER.

### 🌸 FILME

**TURMA DA MÔNICA: LAÇOS**. DIREÇÃO DE DANIEL REZENDE. BRASIL, 2019.

MÔNICA E SEUS AMIGOS TENTAM RESGATAR O CÃOZINHO FLOQUINHO, QUE DESAPARECEU. JUNTOS, PRECISARÃO ENFRENTAR MUITAS AVENTURAS PARA CONSEGUIR TER FLOQUINHO DE VOLTA.

### 🌸 LIVRO

**BALAS, BOMBONS, CARAMELOS**, DE ANA MARIA MACHADO. SÃO PAULO: MODERNA.

CERTO DIA, PIPO, UM SIMPÁTICO HIPOPÓTAMO, ABRIU A BOCA PARA ENCHÊ-LA DE ÁGUA E FOI SURPREENDIDO POR UMA DOR INEXPLICÁVEL. PIPO ESTAVA COM OS DENTES ESBURACADOS DE TANTO COMER DOCES E BALAS ÀS ESCONDIDAS, EM VEZ DE SE CONTENTAR COM SEU CAPIM.

### 🌸 FILME

**O BOM DINOSSAURO**. DIREÇÃO DE PETER SOHN. ESTADOS UNIDOS, 2015.

AVENTURA QUE SE PASSA NA ERA PRÉ-HISTÓRICA, EM QUE DINOSSAUROS E HUMANOS CONVIVEM DE FORMA PACÍFICA, JÁ QUE NÃO HOUVE A DESTRUIÇÃO DOS DINOS POR UM ASTEROIDE.

### 🌸 SITE

**ZOOLÓGICO DE SÃO PAULO**. DISPONÍVEL EM: <http://www.zoologico.com.br/>. ACESSO EM: 30 OUT. 2019.

PORTAL DE CONTEÚDO E NOTÍCIAS LIGADO AO ZOOLÓGICO DE SÃO PAULO. O *SITE* APRESENTA DIVERSAS INFORMAÇÕES INTERATIVAS SOBRE O MUNDO ANIMAL.

# BIBLIOGRAFIA

BATISTA, A. A. G. *O TEXTO ESCOLAR*: UMA HISTÓRIA. BELO HORIZONTE: AUTÊNTICA, 2007.

BEZERRA, B. G.; BIASI-RODRIGUES, B.; CAVALCANTE, M. M. (ORG.). *GÊNEROS E SEQUÊNCIAS TEXTUAIS*. RECIFE: EDUPE, 2009.

BRASIL. MINISTÉRIO DA EDUCAÇÃO. *BASE NACIONAL COMUM CURRICULAR*. BRASÍLIA: MEC, 2018. DISPONÍVEL EM: <http://basenacionalcomum.mec.gov.br/images/BNCC_EI_EF_110518_versaofinal_site.pdf>. ACESSO EM: 7 JAN. 2020.

CHARAUDEAU, P. *O DISCURSO DAS MÍDIAS*. SÃO PAULO: CONTEXTO, 2006.

COSCARELLI, C.; RIBEIRO, A. E. (ORG.). *LETRAMENTO DIGITAL*: ASPECTOS E POSSIBILIDADES PEDAGÓGICAS. 2. ED. BELO HORIZONTE: CEALE/AUTÊNTICA, 2007.

DELL'ISOLA, R. L. P. *RETEXTUALIZAÇÃO DE GÊNEROS ESCRITOS*. RIO DE JANEIRO: LUCERNA, 2007.

DOLZ, J.; SCHNEUWLY, B. *GÊNEROS ORAIS E ESCRITOS NA ESCOLA*. TRADUÇÃO E ORGANIZAÇÃO DE ROXANE ROJO E GLAÍS SALES CORDEIRO. CAMPINAS: MERCADO DE LETRAS, 2004.

KOCH, I. V. *DESVENDANDO OS SEGREDOS DO TEXTO*. SÃO PAULO: CORTEZ, 2003.

_____; ELIAS, V. M. *LER E ESCREVER*. SÃO PAULO: CONTEXTO, 2015.

MARCUSCHI, L. A. *DA FALA PARA A ESCRITA*: ATIVIDADES DE RETEXTUALIZAÇÃO. SÃO PAULO: CORTEZ, 2005.

_____. GÊNEROS TEXTUAIS: CONFIGURAÇÃO, DINAMICIDADE E CIRCULAÇÃO. IN: KARWOSKI, A. M.; GAYDECZKA, B.; BRITO, K. S. (ORG.). *GÊNEROS TEXTUAIS*: REFLEXÕES E ENSINO. RIO DE JANEIRO: LUCERNA, 2006.

_____. GÊNEROS TEXTUAIS: DEFINIÇÃO E FUNCIONALIDADE. IN: DIONISIO, A. P.; MACHADO, A. R.; BEZERRA, M. A. (ORG.). *GÊNEROS TEXTUAIS & ENSINO*. RIO DE JANEIRO: LUCERNA, 2005.

_____. *PRODUÇÃO TEXTUAL, ANÁLISE DE GÊNEROS E COMPREENSÃO*. SÃO PAULO: PARÁBOLA, 2008.

ROJO, R.; MOURA, E. *MULTILETRAMENTOS NA ESCOLA*. SÃO PAULO: PARÁBOLA EDITORIAL, 2012.

# CONTO TRADICIONAL

NOME: ........................................................... DATA: ...............

# LENDA

NOME: ........................................................................... DATA: ....................

# UNIDADE 2

## FÁBULA

NOME: ............................................................ DATA: ............